セキュリティチェックは鬼だけど…

世界一安全な航空会社

# イスラエルの翼 エルアル



光翼〔著〕
(エルアル航空アドバイザー)
田中マコト〔漫画〕

日本直行便就航記念

ミルトス

皆さん初めまして
本書の著者で
エルアル航空
アドバイザーの
光永光翼《みつながこうよく》
と申します
漫画家の
田中マコト
です！
イスラエルと
ユダヤ文化
大好き！
ISRAEL
本書では
私たちが
エルアル航空と
イスラエルに
関するお話を
皆さんに
伝えていきます
まずは
エルアル航空のある
イスラエルという
国について
簡単に説明を
いたします
イスラエルは
中東に位置する
地中海に
面した国で
イスラエル
日本
今から75年前
１９４８年に
ユダヤ人によって
建国されました
日本はその頃
昭和23年 戦後の
復興真っただ中！
トルコ
シリア
ココ
ヨルダン
エジプト
サウジ
アラビア
人口は約１千万人
その他
4.5%
アラブ人
20.9%
ユダヤ人
74.6%
ヘブライ語
（右から読みます）
שלום
シャローム
（こんにちは）
国土は日本の四国
と同じぐらいで
公用語は
ヘブライ語です

四国に東京都の人口ぐらいの人たちが住んでるって考えればOK?
TOKYO
Ehime
Kagawa
Kouchi
Tokushima
…まぁそんな感じですね
ちなみに田中さんは昨年初めて
イスラエルに行かれたそうですが…
はい! ユダヤ文化に魅せられて1年!
42歳にして初海外で単身イスラエルに行ってきました!
イスラエルの印象はどうでしたか?
そうですねー 一言で言うなら…
人も歴史も多様性ありまくりのハイテク国家! って感じですね!
キラーン
都会色あふれる現代的な都市と
テルアビブ
ズンズン
ドコドコ
LGBT パレードが♪行なわれていたり
バーで爆音の音楽が流れていたり
宗教色溢れる歴史的な都市があって
エルサレム
西の壁でお祈りする人たちや
ユダヤ教超正統派の人たちとか
ISRAEL

どこでも充電できるし
駅に充電コードが普通にある
Wi-Fi飛びまくりの
大体どこでもフリーWi-Fiが見つかる（主観です）
クレカ決済は当たり前で
小さなお店も
自販機も
ピッ
イスラエルの交通アプリ【ムービット】は無双だし…
次のバス停で降りろよ！
もう着くぞ！あと30mだぞ！
ブブブッ
日本から出たことがなかった私には
いろんな面で新鮮な世界でした！
パトカーにクラクション鳴らしてる！
怒られないの？
怒られませんよ別に警察は偉くないですから
あ…いやそうだけど…うん
そもそもイスラエルは世界中のユダヤ人が集まってできた国なだけあって、
始まりからして多様性に富んでいますからね
なるほど！
少し補足するならエルサレムには世界三大一神教の
「ユダヤ教」「キリスト教」「イスラム教」それぞれの聖地があり
西の壁（ユダヤ教）
聖墳墓教会（キリスト教）
岩のドーム（イスラム教）
都市部にはIT企業が多くありスタートアップ大国と呼ばれていたり
最新テクノロジーを取り入れた農業や食産業も有名です
では…そんな多様性の国イスラエルにある航空会社
「エルアル航空」とは、どんな航空会社でしょう？

鬼のように
セキュリティ
チェックが
厳しい航空会社
え？
何か間違って
ます？
え…？
何そのイメージ
…
間違ってないけど
言い方…
えー…では
説明します
コホン
エルアル航空とは
1948年に
イスラエルで誕生した
イスラエルの
フラッグキャリア※で
※国を代表する航空会社のこと
2023年
3月より
日本との
直行便が始まり
ました！
ようこそ！
行くよー！
成田ーテルアビブ
週2便 飛行時間約12時間！

そして先ほど田中さんもおっしゃっていましたが…
その厳重なセキュリティにより
厳重なセキュリティ…
ビーフ？チキン？
※田中の勝手な想像です
世界で最も安全な航空会社とも呼ばれています
そんなエルアル航空が日本との直行便を開始したということで一部航空ファンたちの間では日本でエルアル航空機の姿が見れるということで盛り上がりを見せ…
でも…
ISRAEL
ぶっちゃけエルアル航空って日本だと全然知られていないですよね？
私も去年まで全然知りませんでしたよ
イスラエルの場所すら…
まぁ…そうなんですよね…
でも…だからこそ…
スポッ

本書ではエルアル航空の知られざるエピソードの数々を
イスラエルの歴史と照らし合わせながら紹介し…

皆様を快適なエルアル航空の世界を巡る旅へとお連れいたします！

最終章には私のエルアル航空搭乗体験漫画もあるよ！

でもセキュリティチェックが鬼のように厳しくてやばいのは事実なので皆さん覚悟してくださいね！

だから言い方！さっきより酷い！

本文へGO！

イスラエルの翼エルアル

目次

# イスラエルの翼エルアル——世界一安全な航空会社

セキュリティチェックは鬼だけど…

# 第1章　設立の経緯

## ユダヤ人を安全に運ぶ手段が必要

エルアル・イスラエル航空は、イスラエルのフラッグ・キャリア（国を代表する航空会社）で、世界的にもユニークな歴史を持つ。この航空会社がイスラエル国に、そして世界のユダヤ人に果たした役割は、とてつもなく大きい。

イスラエルは1948年5月に建国された。それからわずか3カ月後の8月、イスラエル政府は国営の航空会社設立を閣議決定した。航空会社の名前は「エルアル航空」。ヘブライ語の2つの単語 אֶל〈エル〉「〜へ」と עַל〈アル〉「〜の上に」から成っている。「空に向かって」

の意味が込められた。当時のイスラエル運輸相ダヴィッド・レメズにより、聖書のホセア書11章7節から命名された（聖書協会共同訳では「いと高き者」と訳出されている）。

ユダヤ人の悲願だった国家が1900年ぶりに誕生したといっても、国民の喜びは束の間で、すぐに周辺のアラブ諸国が攻撃を仕掛けてきた。イスラエルは陸の三方を敵対する国に囲まれ、唯一西側だけは地中海が広がっている。イスラエルと外の世界を安全に結ぶには、西に向かう空路しかない。

しかしながら、イスラエルの独立戦争以前から外国の航空機はイスラエルへの乗り入れを中止しており、イスラエル市民は身動きが取れなくなっていた。加えて、ホロコーストを生き延びた多くのユダヤ人サバイバーが長い時間をかけて、決して安全ではない船でヨーロッパからイスラエルを目指していた。

命からがら逃げてきたユダヤ人には様々な苦難が降りかかり、目的地にたどり着くことができない者も多く、あらゆる場所で難民となっていた。またアラブ諸国では、イスラエル建国と同時に国内のユダヤ人が迫害され、生活を脅かされていた。世界中のユダヤ人を助け、安全にイスラエルへと運ぶため、イスラエル国営の航空会社設立は喫緊の課題だったのである。

## エルアル・イスラエル航空の始まり

とは言え、建国直後のイスラエルには物資も人材も経済力もない。軍用飛行機では輸送容量に限界があり、一刻も早く民間の航空会社を設立する必要があった。しかし民間の航空会社を設立したところで、訓練されたパイロットやクルーがほとんどいなかった。新しい旅客機を買う予算もない。当時イスラエルにはまともな飛行場はおろか滑走路すら存在せず、1930年頃まではガリラヤ湖上に着水していた。エルアルが創設されたのは独立戦争の最中で、経済は混乱し国家財政は破綻しているという、ないないづくしの状態だった。

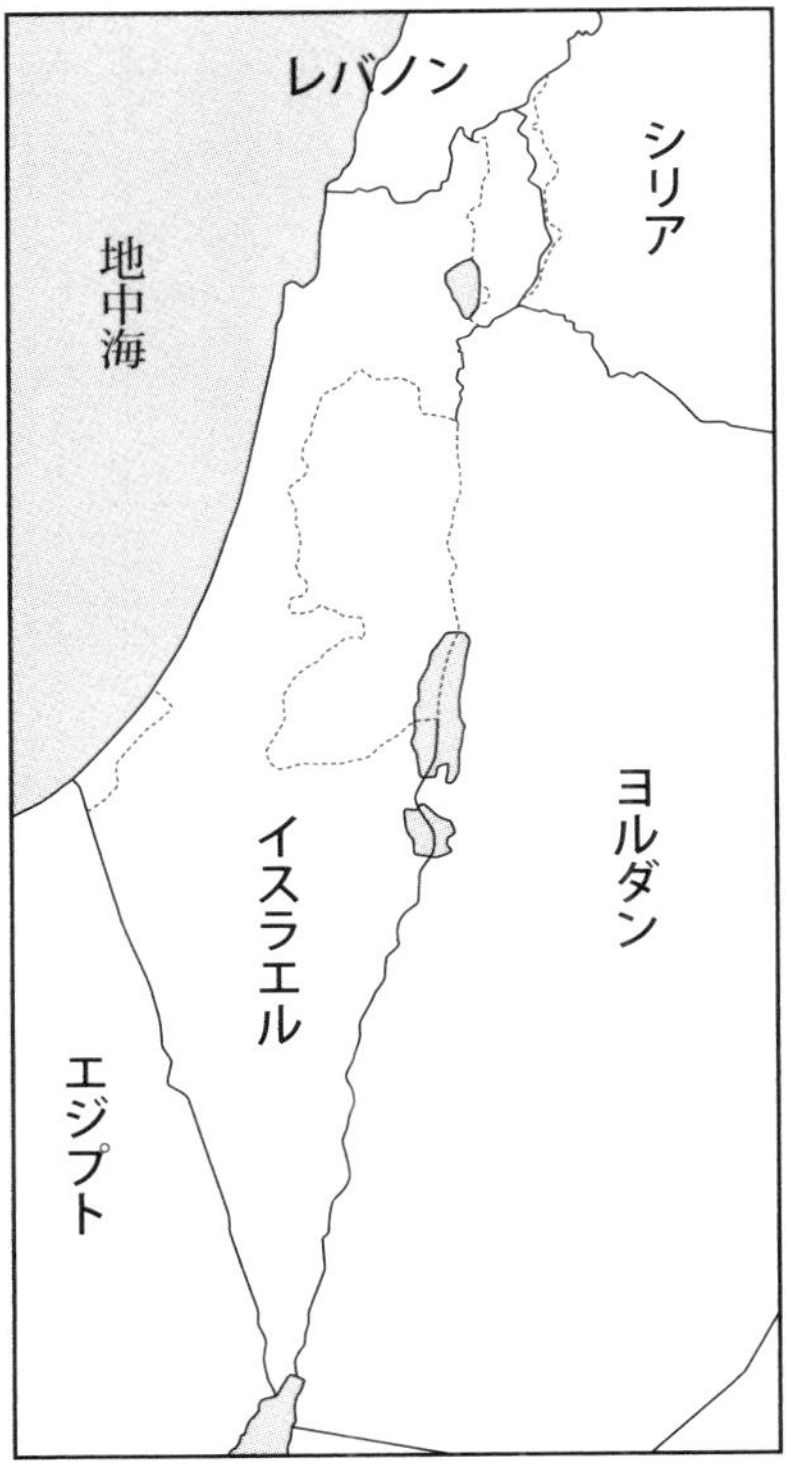


自国の航空会社設立は遠い先の話に思われた。しかしそこに、ある要因

が加わり、急転直下で事が進んでいくことになる。

１９４８年9月、イスラエル初代大統領ハイム・ワイツマンがスイスのジュネーブを公式訪問することになった。イスラエル政府は独立国家であることを世界にアピールするため、行きは仕方ないとしても、大統領が自国機に乗ってイスラエルに帰ってくることを熱願した。それで、建国からわずか3カ月でイスラエル国営の「エルアル航空」をスタートさせたのである。

しかし問題は山積していた。武器輸送の軍用機しか持っていなかったイスラエルには、ヨーロッパでの着陸許可が下りなかった。始まったばかりのエルアル航空は慌てふためいたが、不屈のユダヤ魂でこのリクエストに応えた。何とかこのミッションを成し遂げるため、４発エンジンのダグラスC－54輸送機を用意したのである。

このダクラス社の飛行機は、当時イスラエルのために物資や武器を提供した唯一の国、チェコスロバキアから借りた中古機だった。スタッフは夜を徹してこの輸送機を旅客機に作り直した。エルアルのロゴやイスラエルの国旗を機体や尾翼にペイントし、硬い座席が取り外され、座り心地の良いソファーが積み込まれた。

そして着陸許可が下り、イスラエルの民間機として初めて国際コード「４X－ACA」が登録された。パイロットとクルーは、建国以前からあるユダヤ人民兵組織「マハル」がボランティアで引き受けた。数カ月前までアラブとの戦争で活躍していたコマンド部隊出身の3人が、すぐにその飛行機でスイスに向かった。キャビンクルーの青いユニフォームと帽子は、テルアビブの仕立屋に特注し、何とか間に合わせた。

9月29日、大統領夫妻を乗せた政府専用のダグラス機はジュネーブを飛び立ち、10時間のフライトを経て翌日の夜明けにイスラエル領へ入った。イスラエル空軍の戦闘機スピットファイアー数機が先導し、テルアビブの南にあるエクロン軍事基地に無事着陸。基地には政府関係者が出迎え、イスラエル国歌が演奏されて歓迎セレモニーが行なわれた。

これが、エルアル・イスラエル航空が産声を上げた瞬間だった。

ちなみに、無事にミッションを成し遂げたダグラス機は、すぐチェコスロバキアに返却する必要があった。ソファは取り除かれ、ペイントも元に戻されて返還された。

11月15日、「エルアル・イスラエル航空会社」として正式に法人化された。株式はイスラエル国が80％所有する形となった。翌1949年、自社の旅客機を初めて購入することができ、パリやローマ、アテネなどの定期便を始めていくことになるのである。

# イスラエルの建国

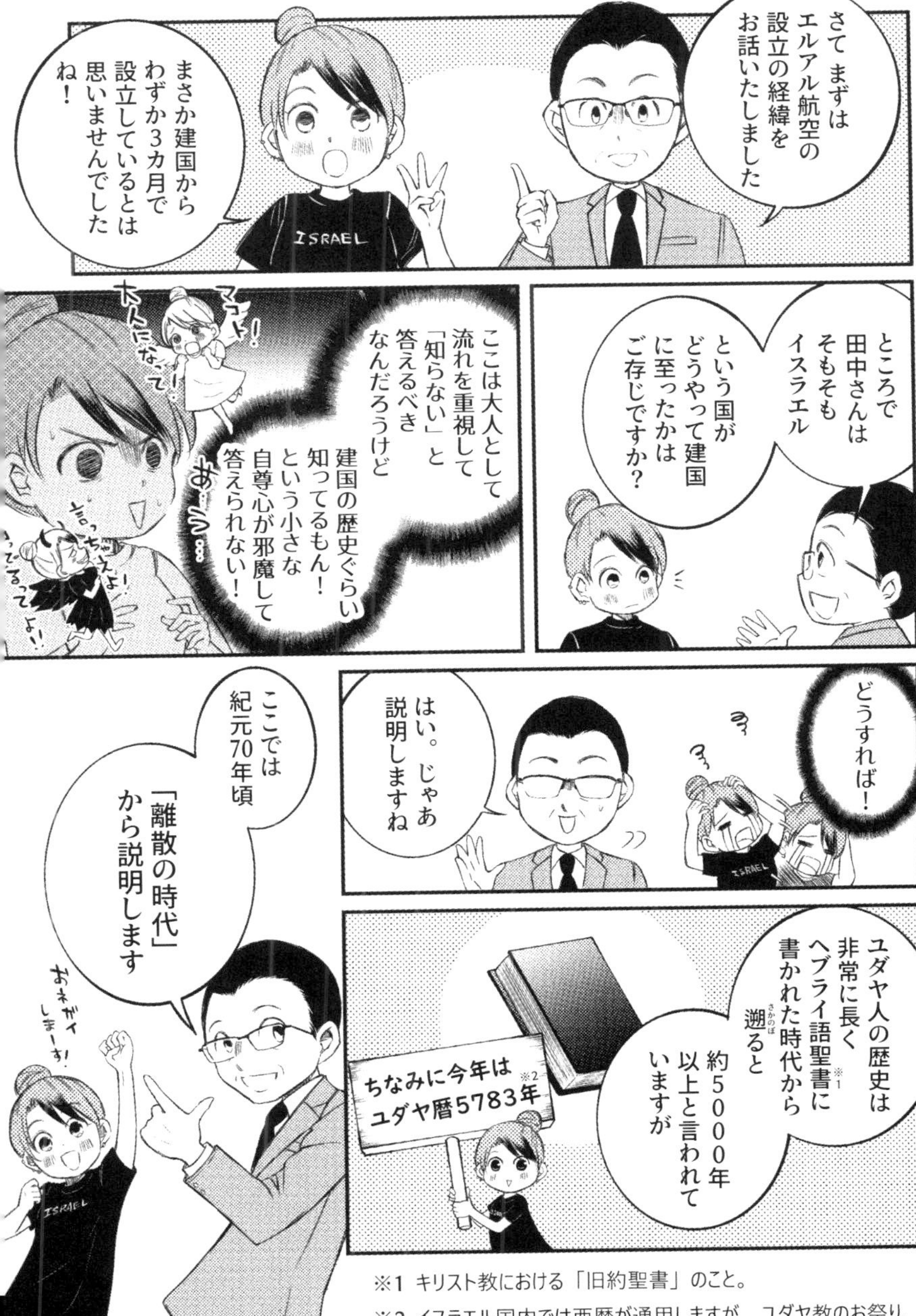
さてまずはエルアル航空の設立の経緯をお話いたしました
まさか建国からわずか3カ月で設立しているとは思いませんでしたね！
ところで田中さんはそもそもイスラエルという国がどうやって建国に至ったかはご存じですか？
ここは大人として流れを重視して「知らない」と答えるべきなんだろうけど
建国の歴史ぐらい知ってるもん！という小さな自尊心が邪魔して答えられない！
マコト！
ホントになって！
あう…
言っちゃえよ！
ってるってよ！
どうすれば！
はい。じゃあ説明しますね
ユダヤ人の歴史は非常に長くヘブライ語聖書※1に書かれた時代から遡《さかのぼ》ると約5000年以上と言われていますが
ちなみに今年はユダヤ暦5783年※2
ここでは紀元70年頃「離散の時代」から説明します
おネガイしまーす！
※1 キリスト教における「旧約聖書」のこと。

※2 イスラエル国内では西暦が通用しますが、ユダヤ教のお祭り、国の公式行事等はユダヤ暦に則って行なわれます。

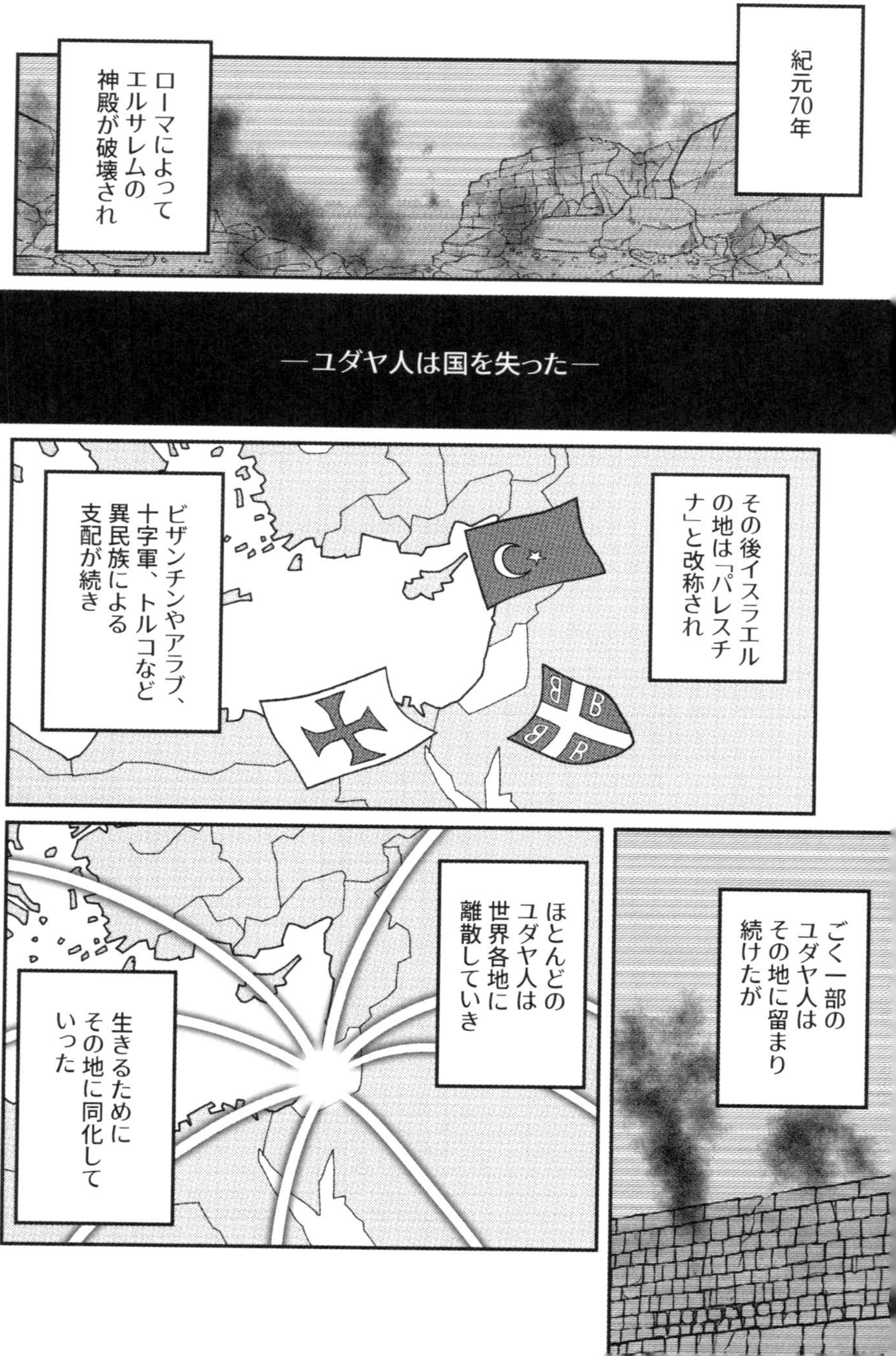
紀元70年
ローマによってエルサレムの神殿が破壊され
—ユダヤ人は国を失った—
その後イスラエルの地は「パレスチナ」と改称され
ビザンチンやアラブ、十字軍、トルコなど異民族による支配が続き
ごく一部のユダヤ人はその地に留まり続けたが
ほとんどのユダヤ人は世界各地に離散していき
生きるためにその地に同化していった

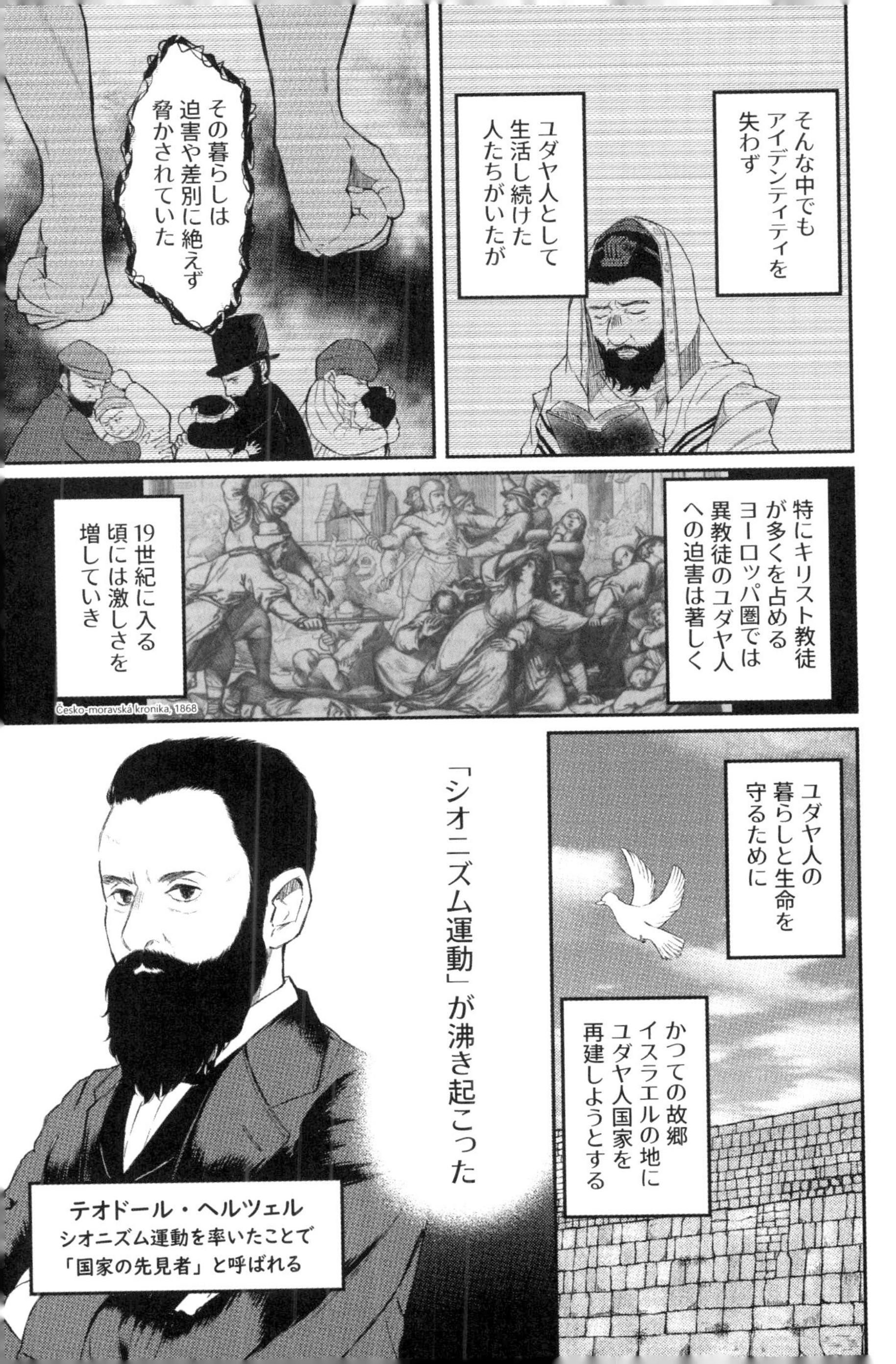
そんな中でもアイデンティティを失わず
ユダヤ人として生活し続けた人たちがいたが
その暮らしは迫害や差別に絶えず脅かされていた
特にキリスト教徒が多くを占めるヨーロッパ圏では異教徒のユダヤ人への迫害は著しく
19世紀に入る頃には激しさを増していき
Česko-moravská kronika, 1868
ユダヤ人の暮らしと生命を守るために
かつての故郷イスラエルの地にユダヤ人国家を再建しようとする
「シオニズム運動」が沸き起こった
テオドール・ヘルツェル
シオニズム運動を率いたことで
「国家の先見者」と呼ばれる

シオニズム運動が活発化したことで
当時「パレスチナ」と呼ばれていたイスラエルへ次々とユダヤ人が【入植】し
荒れ廃れた土地を開墾してイシューヴ（ヘブライ語で**居住地**）を作っていった
ちなみに入植はいつ頃から始まったんですか？
諸説ありますが1888年頃には始まっていて
ヘブライ語を現代に復活させたベン・イェフダなども
この時期すでにイスラエルに入植していました
エリエゼル・ベン・イェフダ
ヘブライ語を共通言語の話し言葉として復活させた「ヘブライ語の父」
【入植】とは…
当時のイスラエル（パレスチナ）はオスマントルコが統治していたが、ヨーロッパ的な統治とは大きく違い制度は整っておらず、部族や氏族などが各々でその土地を統治していた。
ユダヤ人はその土地を地主たちから買い取り、
自分たちの土地として開拓していったのである。
そして1917年イギリスによって【バルフォア宣言】が出された
【バルフォア宣言】とは
イギリス政府がシオニズム運動を支持するという表明でイギリスのバルフォア外相の名を冠した宣言
この宣言の翌年からイギリスが委任統治することになった。
しかしその後の進展は遅く
ユダヤ人国家の建設も思うように進まない中で…
第二次大戦が勃発

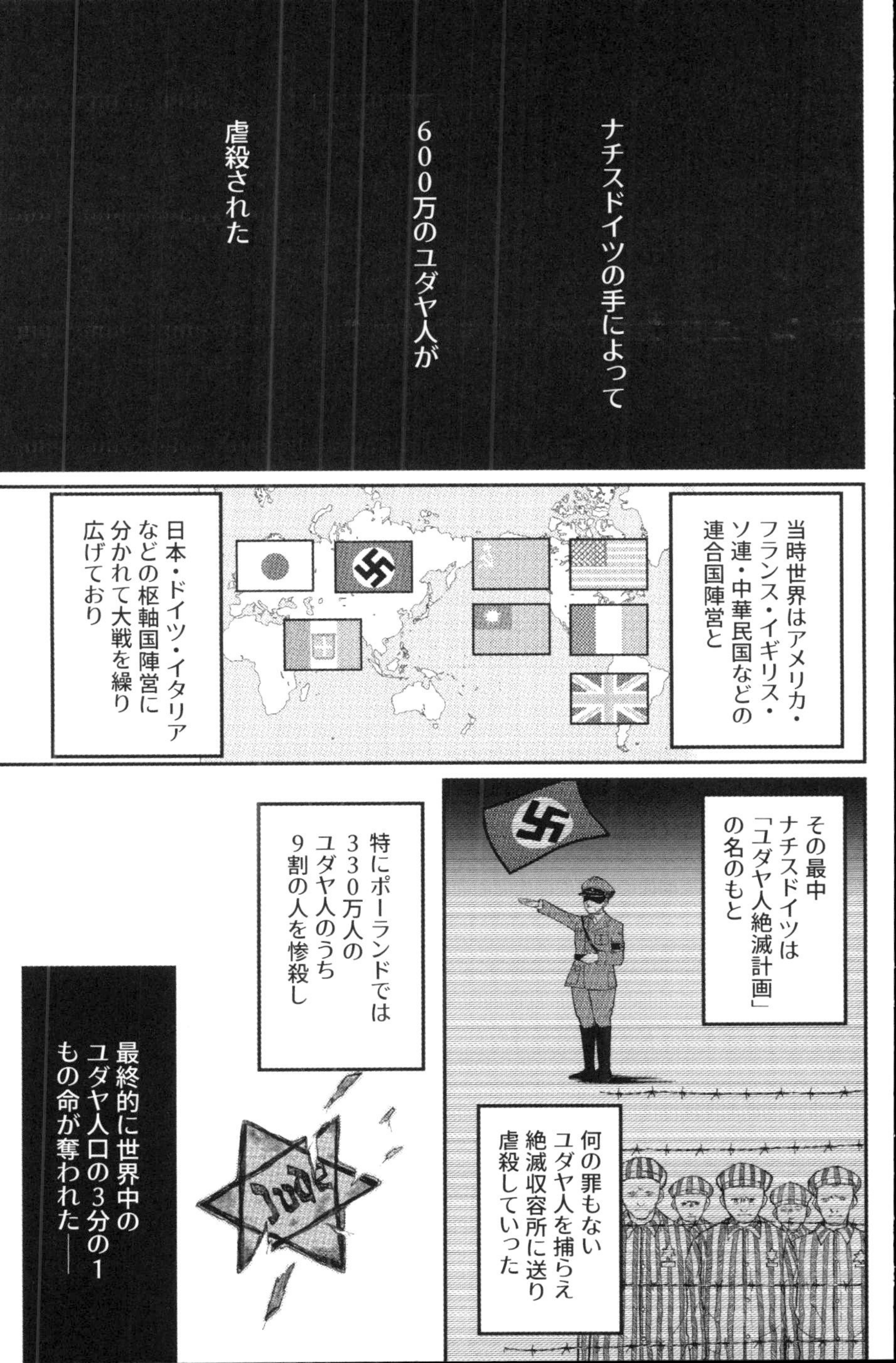
ナチスドイツの手によって
600万のユダヤ人が
虐殺された
当時世界はアメリカ・フランス・イギリス・ソ連・中華民国などの連合国陣営と
日本・ドイツ・イタリアなどの枢軸国陣営に分かれて大戦を繰り広げており
その最中ナチスドイツは「ユダヤ人絶滅計画」の名のもと
何の罪もないユダヤ人を捕らえ絶滅収容所に送り虐殺していった
特にポーランドでは330万人のユダヤ人のうち9割の人を惨殺し
JUDE
最終的に世界中のユダヤ人口の3分の1もの命が奪われた――

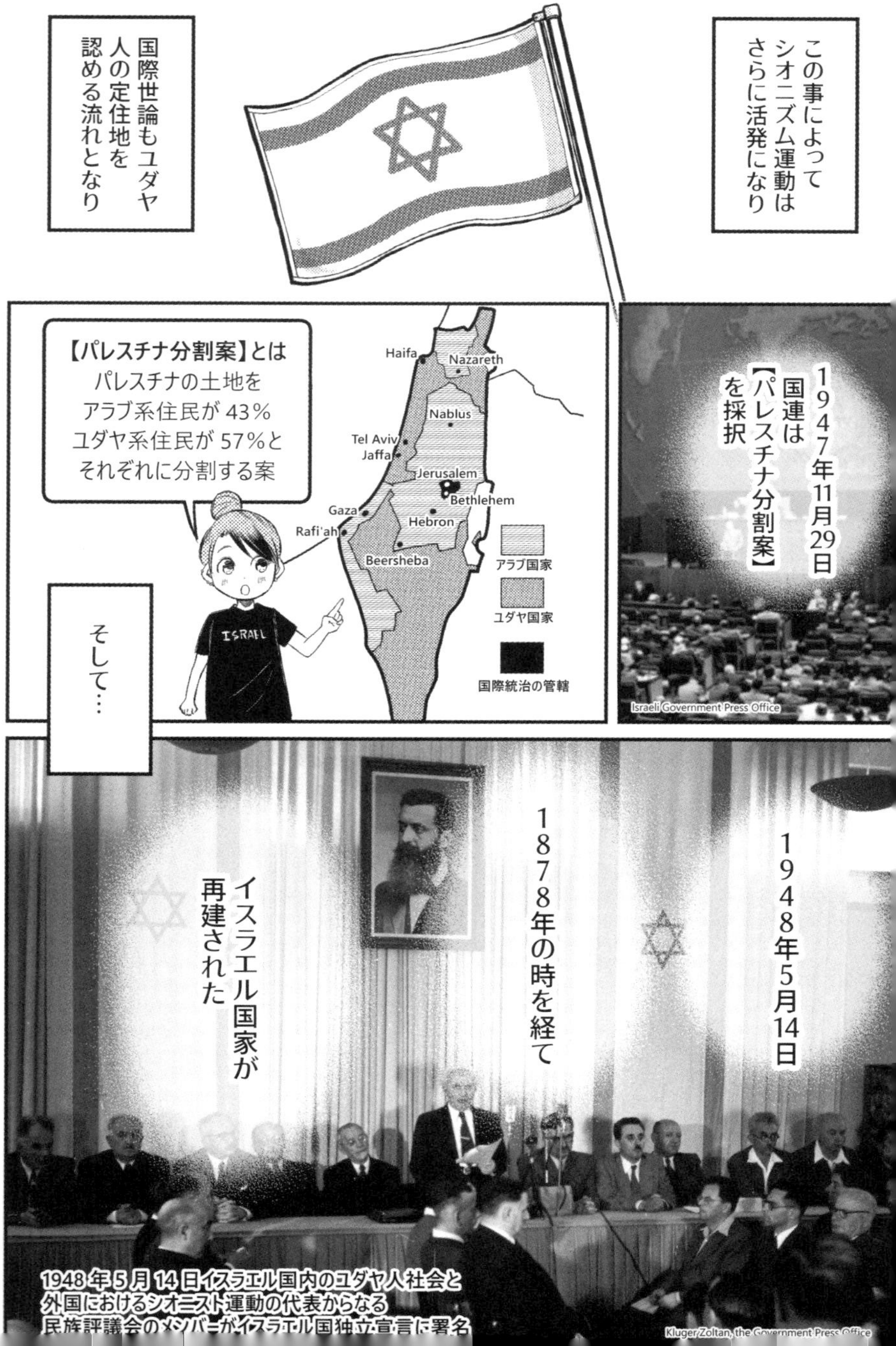
この事によって
シオニズム運動は
さらに活発になり
国際世論もユダヤ
人の定住地を
認める流れとなり
1947年11月29日
国連は
【パレスチナ分割案】
を採択
Israeli Government Press Office
【パレスチナ分割案】とは
パレスチナの土地を
アラブ系住民が 43%
ユダヤ系住民が 57%と
それぞれに分割する案
Haifa
Nazareth
Nablus
Tel Aviv
Jaffa
Jerusalem
Bethlehem
Gaza
Hebron
Rafi'ah
Beersheba
アラブ国家
ユダヤ国家
国際統治の管轄
ISRAEL
そして…
1948年5月14日
1878年の時を経て
イスラエル国家が
再建された
1948 年 5 月 14 日イスラエル国内のユダヤ人社会と
外国におけるシオニスト運動の代表からなる
民族評議会のメンバーがイスラエル国独立宣言に署名
Kluger Zoltan, the Government Press Office

以上 イスラエルが建国されるまでの流れです
かなり要約していますけどね
激動の歴史でしたね！
でも…1900年もの間国が再建することを願い実現させるなんて
イスラエルの歴史はまさに「奇跡」と呼ぶにふさわしいですね！
そうですね！
建国に貢献した人々
ただ…ここからイスラエルは様々な困難に見舞われることになります
え！
次章ではその困難を乗り越えるべくエルアル航空に課された使命についてお話していきましょう！
スポッ
頼んだよ！エルアル航空！
ピンチを救って!!

# 第2章　ユダヤ人を帰還させる使命

## エルアルにとっての急務

ワイツマン大統領をスイスのジュネーブから連れ帰るという使命を無事に果たしたエルアル航空は、2カ月後の1948年11月、国営の航空会社として正式に操業を開始した。と言ってもしばらくは自社所有の飛行機はほんのわずかで、航空機、パイロット共にイスラエル空軍から借用していた。

翌1949年3月、アメリカと交渉の末、ダグラス社のDC－4Sという生産が中止された時代遅れの飛行機を2機譲り受けた。そして同年7月、自社便をパリに就航させることにより、定期便をスタートさせることができた。

当面のエルアルの使命は、世界各地に離散するユダヤ人を安全にイスラエルへ帰還させることだった。迫害を受けて苦しむ同胞を救い、ユダヤ人のために建てられたイスラエルに連れて帰ることこそ、エルアルにとっての急務だった。特に深刻だったのは、イスラエルの建国が宣言されたのと同時に、アラブ諸国に住んでいたユダヤ人が迫害され、財産を没収され、多くの人が殺されていったことである。

## イエメン危機

アラブ諸国の1つであるイエメンには、5万人以上のユダヤ人が住んでいた。ユダヤ人とイエメンとの関係は、聖書のソロモン王の時代（紀元前10世紀）にまで遡《さかのぼ》る。多くのユダヤ人がイエメンに移住したことにより、最も栄えた時期には7万人を擁するユダヤ人共同体があった。彼らは数千年もの間、この地でユダヤの宗教と伝統を守り生き続けてきた。

しかし、イスラエルが建国されるとユダヤ人へのひどい迫害が始まった。すべての財産は没収され、家やシナゴーグ（ユダヤ教礼拝堂）を焼かれ、理由もなく殺されていった。イエメンに住むユダヤ人の歴史上、最大の危機だった。一刻も早くこの場所から逃げなければ、全滅させられる恐れがあった。

## 八方塞がり

建国されたばかりのイスラエルに住むユダヤ人は、イエメンのニュースを聞いて心を痛めた。何とか同胞を助ける方法はないのか。世界のどの国にいようとも、ユダヤ人にはイスラエルに帰還する権利があった（正式には1950年7月にイスラエルで「帰還法」が制定され、世界中のユダヤ人がイスラエルに帰還する権利のあることが法制化された）。だが、これほどの人をどうやったらイスラエルに安全に運ぶことができるのか。

イエメンはアラビア半島の南端に位置しており、イスラエルからは直線距離にして約2千㎞離れているが、陸路だとアラビア半島を縦断すればたどり着くことができる。ただ、アラビア砂漠という厳しい環境下での長い道のりになる。あるいは船に乗って紅海を北上すれば、陸路よりも安全にイスラエルにたどり着くことができるかも知れない。それ以外に選択肢はないと思われた。

そのような中、イエメンのイマーム（イスラム教の宗教的指導者）がある声明を発表する。

「ユダヤ人は、すべての財産を置いていくことを条件に、イスラエルへの移住を許可する。ただし紅海の海路やアラビア半島の陸路を使うことは許されない」

陸路も海路も使えないという無茶な条件は、事実上、ユダヤ人の出国を認めないと言っているのも同然だった。アラビア半島の通過が許されないなら、陸路に望みはない。海路であれば、船に乗ってアラビア海に出て、アフリカ大陸の東岸を南下し、大陸最南端の喜望峰を回って西岸を北上し、スペインとモロッコのジブラルタル海峡を抜けて地中海に入り、イスラエルを目指すことは物理的には可能だ。だが、これは20万km以上の気が遠くなるような航海となり、現実的ではなかった。

イエメンのユダヤ人の多くは農業に携わり、住んでいる地域からほとんど出たこともなかった。彼らがその土地を離れるにしても、どういうルートがあるのかすら分からず、自力での脱出は絶望的だった。

## 対策を練るイスラエル政府

そんな彼らを一刻も早く救出するべく、イスラエル政府は対策を急いだ。陸路も海路も塞がれているとなると、残されているのは空路しかない。

そこで白羽の矢を立てたのがエルアル航空だった。だがエルアルは大型機を所有していなか

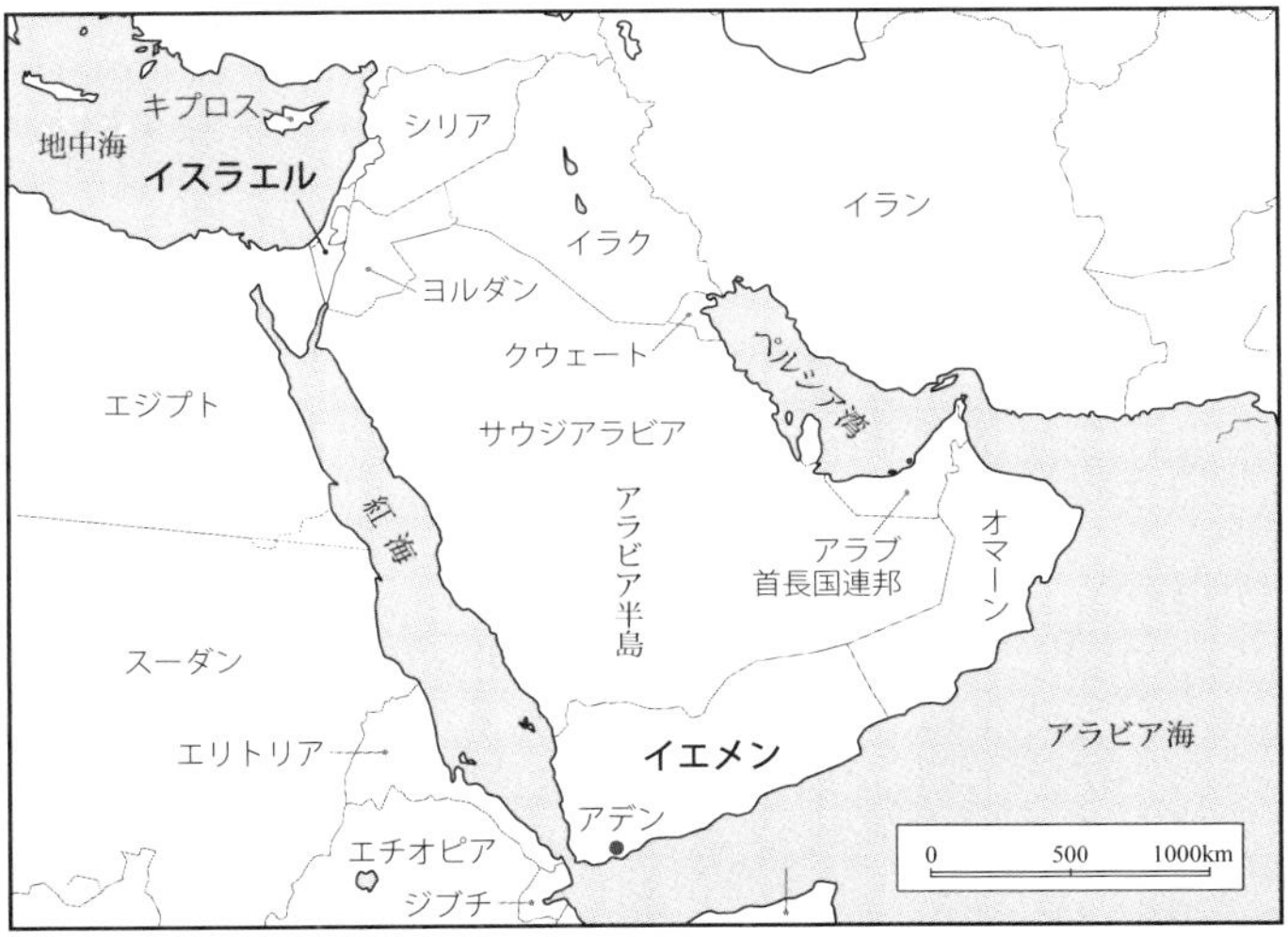


ったため、彼らはすぐヨーロッパやアメリカに行き、航空各社に飛行機を貸してくれるよう交渉した。しかし、建国されたばかりの国の設立間もない航空会社に協力してくれる会社は、すぐには現れなかった。各社との交渉が難航し、飛行機を確保する目処が立たない中でも、イスラエル政府は作戦を練り続けた。その救出作戦は、空路で秘密裏にイエメン南端にある港町アデンに降り立ち、そこでユダヤ人を乗せてイスラエルに連れてくる計画だった。

最悪の場合、自社で所有する数機の小さな飛行機をフル回転させるしかない。この作戦はあくまで内密に行なう予定なので、飛行機がイスラエルのものと分かると都合が悪い。

そこで、機体をすべて塗り直してイスラエルの痕跡を消し、無国籍のチャーター機という体裁に仕立て上げる予定だった。

そんな時に朗報が届いた。アラスカ航空が全面協力を表明し、飛行機はもちろん乗務員も用意するとのことだった。アラスカ航空の社長はユダヤ人だった。この作戦を進めていた一同に歓声が沸き起こった。

## 作戦実行

次の問題は給油地だった。飛行距離が往復で４千㎞に及ぶため、復路の途中で給油が必要だった。どれだけ最短距離を取ったとしても、帰る途中で燃料が切れてしまったら不時着すらできない。最短距離の航路は、イスラエルを敵国と見なすサウジアラビア上空を飛ぶことになるからである。

検討を重ねた結果、最短距離のサウジ上空ではなく、アラビア半島を迂回してアフリカ大陸の上空を飛ぶことになった。復路はイエメンから西に飛び立ち、エチオピアで給油し、テルアビブに向かうというルートだった。アフリカ大陸にもイスラエルを敵視するアラブ諸国は存在するため、決して安全ではなかった。作戦には自ら志願したパイロットや乗務員が参加した。

志願したエルアルのパイロットは、この時の様子を「飛び立った後は敵国をすり抜け、ラジオの無線で進路を決めるという、命がけのアドベンチャーだった」と述懐している。多いときには1日に7~8便を飛ばした。

こうして1年余りのうちに、およそ4万7千のイエメン系ユダヤ人がイスラエルの地に帰還することができた。飛行回数は300を超えた。

イエメン系ユダヤ人の救出劇は、大きな混乱もなく成功を収めた。この作戦は「魔法のじゅうたん」という名で知られているが、正式にはヘブライ語で「アル・カンフェー・ネシャリーム עַל כַּנְפֵי נְשָׁרִים」（鷲の翼に乗って）と呼ばれた。聖書の出エジプト記19章4節、「あなたたちを鷲の翼に乗せてわたしのもとに連れてくる」から取られている。

## エズラ・ネヘミヤ作戦

イスラエル政府とエルアル航空は、イエメンの「魔法のじゅうたん作戦」に続き、ユダヤ人救出のために他のアラブ諸国にも同様の救出作戦を実行していった。

1950年3月から翌年12月にかけて、イラクにいたユダヤ人約11万3千人がエルアルの飛行機によってイスラエルに帰還した。これは「エズラ・ネヘミヤ作戦」と呼ばれている。紀元前6世紀にバビロニア（現在のイラク）で捕囚の身となっていたユダヤ人が解放され、祖国に戻った際の指導者がエズラでありネヘミヤである。その詳細は、聖書の「エズラ記」「ネヘミヤ記」に記されている。作戦名はその聖書の指導者に因んで付けられた。

第二次大戦中、イラクはナチス・ドイツと同盟関係にあったため、イラク国内にいたユダヤ人にはすでに迫害の手が伸びていた。大戦中に起きた暴動により、１８０人のユダヤ人が殺されたことが記録されている。戦後、イスラエルが建国されたことにより、状況はさらに厳しくなっていた。

そんなある時、イラク政府は「すべての財産を放棄することを条件に、ユダヤ人の国外渡航を許可する」旨の通達を出した。これは願ってもないチャンスだった。イスラエル政府はエルアル航空と協議し、在イラクのユダヤ人をイスラエルに帰還させる計画を進めていった。エルアルは急いで輸送のための飛行機を準備した。

交戦状態にあったイラクにイスラエルから直接飛行機を飛ばすことはできない。当初はキプロスかイラン経由でしか飛行許可が下りなかったが、最終的にはイスラエルのロッド空港（現ベングリオン空港）から直接飛ばすことができ、イラクにいた多くのユダヤ人を運ぶことができた。

イラクのあらゆる地域から追い立てられるように飛行場へ集まってきたユダヤ人は、不安と緊張のために震えていた。一体どこに連れて行かれるのか。着の身着のままの彼らが機内に入ると、まず目に飛び込んできたのが、ユダヤの象徴で、エルアル航空のロゴとなっていた「ダビデの星」だった。エズラ・ネヘミヤ作戦は秘密作戦ではなかったので、エルアルの機体は普段のペイントのままだったのである。彼らはダビデの星が施されている飛行機を見て、ひとまず中に入って席に座り始めた。

飛行機が飛び立ってしばらくすると、乗客たちがキャビンアテンダントの元に笑顔で挨拶にやって来た。飛行機のクルー全員がダビデの星の腕章を腕に付けていたので、同胞に助けられたことがようやく理解できたようだった。中にはその腕章に触れて感謝の祈りを捧げる者や、ダビデの星が描かれている機体にキスしようとする者もいて困ったという微笑ましいエピソードも残されている。

20世紀になって、ユダヤ人がバビロニアから再びイスラエルの地に戻ってきたのである。実に2500年もの時が流れていた。

1950年から本格的に始まったエルアル航空のユダヤ人帰還作戦は、さらに続いていく。インドやヨーロッパ、そして1990年代には崩壊した旧ソ連からも特別機で多くのユダヤ人を輸送した。ユダヤ人帰還に携わったエルアル航空のパイロットやクルー、そしてエンジニアに至るまで、ユダヤ人の救出作戦こそが自分の人生において最も誇らしく、最も心燃やされた仕事だったと異口同音に語るという。

## エチオピアとの国交断絶

１９８４年には、エチオピアにいた８０００人のユダヤ人救出作戦が実行された。この作戦は、出エジプトを導いた人物になぞらえて「モーセ作戦」と名付けられた。ユダヤの伝統を守り、２０００年近くエチオピアに住み続けてきた人々のイスラエル帰還作戦である。

エチオピアでは長い間、経済危機、飢餓、国内紛争などが繰り返されており、イスラエル政府はモーセ作戦以前にも秘密裡に陸路でエチオピアのユダヤ人を帰還させてきた。エチオピアと国交を結び、政府に経済協力をするなど積極的に国交正常化を働きかけ、その代わりとしてユダヤ人の帰還を認めさせたのである。

しかし１９８９年、エチオピアは突如イスラエルとの国交を断絶した。１９９１年には同国で軍事クーデターが起き、ユダヤ人の生命に危険が迫った。政権交代が正式に宣言されるわずかな時間のうちに、首都アジスアベバに逃れていたユダヤ人１万４千人を助け出さなければならない。

イスラエル政府は国防軍やエルアル航空と作戦を練り、エチオピアにいる同胞を直ちに救出するべく作戦に取りかかった。残されたわずか36時間内に、これだけの人数をどうしたら安全に移送できるのか。この作戦は「ソロモン作戦」と名付けられた

ソロモンとは、紀元前1000年頃にイスラエルの王国を治めたダビデ王の息子ソロモン王のことである。エチオピアのユダヤ人は、ソロモン王とシバの女王（聖書、列王記上10章）との末裔だと信じられているために、この作戦名となった。

タイムリミットは近づき、クーデターの火は今まさにエチオピアの首都アジスアベバに広がりつつあった。エチオピアからイスラエルは、陸路で約3000㎞である。仮にエチオピアを脱出できたとしても、アラブ諸国であるスーダンやエジプトを通るのに生命の保証はない。それでイスラエル政府は、国家予算の限度をはるかに超えて、可能な限り動かせる航空機を集め、空路で一挙に運ぼうと考えたのである。アジスアベバでは都市全体に緊張が高まっていて、戦車が車道を行き来し、銃撃音が鳴り響く危険な状況にあった。

## 奇跡的な輸送

時の政権が崩落しつつあるアジスアベバに向けて、イスラエルから無数の飛行機が飛び立っ

た。チャンスは今しかない。１９９1年5月24日金曜日、時のイスラエル首相イツハク・シャミールによって救出作成が承認されると、アジスアベバの上空にはまるで鳥の大群が飛び交うかのように、イスラエルの飛行機が舞い降りた。エルアルの民間機、イスラエル国防軍の軍用機、ヘリコプターなど全36機が、たった25時間のうちに1万４３２５人をイスラエルに輸送したのである。

エルアルは貨物用のB７４７ジャンボ機を飛ばしたが、1人でも多く乗せるため座席を７６0席に増やした。しかし実際乗り込んだのは１０８６人。機内は床が見えないほどびっしりだった。ちなみにこれは、飛行機に乗った最大人数としてギネス記録に認定されており、今もって破られていない前代未聞のフライトであった。

滑走路を飛び立ったジャンボ機は２４００㎞の距離をわずか3時間15分で飛行し、はるか３０００年前に先祖が旅立ったユダヤ人の祖国、イスラエルの地に連れ帰った。初めて足で踏みしめるイスラエルの地。中には感極まって滑走路にキスする者もいた。

さらにもう1つの奇跡が生まれた。飛行機に搭乗したのは１０８６人だったが、降りたのは１０８７人。そう、飛行中に新しい生命が誕生したのである。健康な女児だった。彼女は、人生の最初に降り立った地に因んで「イスラエラー」（イスラエルの女性形）と命名された。

２０００年以上もの間、離散の地で自らの民族文化を継承してきた中東・アフリカのユダヤ人は、わずか数時間で父祖たちの地イスラエルに帰還し、歴史に新たな１ページを開いた。エルアル航空は、まさにその〝一翼〟を担ったのである。

### ロシアからのエクソダス

ソ連崩壊後の１９９０年、史上最大の移送作戦が始まった。旧ソ連からは70年代から80年代にかけて毎年数千人のユダヤ人がイスラエルに帰還していたが、ソ連の崩壊によって移民政策が大幅に変更され、その年だけで合計18万５千人がイスラエルに帰還した。まさに民族大移動である。

１月１日、最初のチャーター機がイスラエルに向かった。この作戦は、出エジプトの故事に因んで「エクソダス作戦」（聖書の「出エジプト記」は英語で「エクソダス」）と名付けられた。

エルアル航空はイスラエル政府の要請を受け、他のフライトを調整しながら全面的に作戦をバックアップした。通達から12時間以内に飛び立てるよう機材とクルーを常にスタンバイさせ、ロシアのアエロフロート航空とも協力関係を結び、モスクワ・テルアビブ間のチャーター便を運営させた。

90年代の10年間で、イスラエル政府は約86万人のロシア系ユダヤ人を受け入れた。その数は当時のイスラエル人口の15％に匹敵するというから、どれほどのことかお分かりいただけるだろう。これは今までの帰還作戦の中で最大規模だった。

筆者は特別の許可を受け、ソ連からのユダヤ人移民が到着するタイミングで、ベングリオン空港の滑走路に入らせてもらったことがある。持ちきれないほどのトランクや家財道具、絵画、装飾品などを抱えて、厚手のコートに手袋という出で立ちの彼らは、春を迎えたテルアビブに不釣り合いだった。初めて見るイスラエルの景色に戸惑いながら、家族で身を寄せ合って入国審査場に向かっていく中で、空港の職員たちが笑顔で「シャローム（こんにちは）」と声をかけていた光景が印象的だったのを今も記憶している。

空港内で公式の歓迎レセプションが行なわれ、イツハク・シャミール首相は聖書を引用しつつ祝意を表した。

「エゼキエル書に『私はあなた方を国々の民のうちから集め、散らされていた国々からあなた方を連れ戻す』（11章17節）と書かれています。この聖書の預言が、今まさに、ここに成就しているのです」

多くのユダヤ人にとって、今もエルアルの飛行機は自宅《ホーム》にいるような安心感を得られるという。エルアルのキャッチコピーは「ハビー・ババイト・バオラム הֲכִי בַּבַּיִת בָּעוֹלָם」（世界で一番アットホーム）である。特に海外からエルアル機に乗り込むと、そこはもうイスラエル。離散の地で迫害の歴史を通ってきたユダヤ人にとって、同胞の航空機こそ身を委ね安心できる空間なのである。

# 魔法の絨毯作戦こぼれ話

いかがでしたか？エルアル航空がユダヤ人をイスラエルに帰還させてきた話は
手に汗握る話ばかりでまるで映画のようでした！
ISRAEL
特にイエメンからの救出劇で同じユダヤ人であるアラスカ航空の社長が協力をしてくれたエピソードは
飛行機を貸そう！
これぞまさにユダヤ人の結束の強さだ！と胸が熱くなりました！
ジェームズ・ウーテン
当時のアラスカ航空の社長
確かにユダヤ人らしいエピソードですよね
ではせっかくなのでもう少しこの魔法の絨毯作戦のエピソードをお話ししましょうか？
ぜひお願いします！
ヤッター！！
それでは魔法の絨毯作戦こぼれ話お楽しみください！
ワクワクするー！

ゴオォォォ
父さん…見て!
すごく大きな鳥…!
ははは
あれは鳥じゃない

飛行機という空を飛ぶ乗り物なんだ
ひこうき…？
1949年
イスラエルを出発した航空機ダグラスDC－4は
イエメンに暮らすユダヤ人をイスラエルへと救出するべく
アデンに降り立った
父さんも本物を見るのは初めてだ
こんな大きなものが空を飛ぶなんて信じられないよ…
俺は絶対にこんなものに乗らない！
いやだ！

大丈夫です！大丈夫ですから！
何が大丈夫なものか！
こんな巨大な鳥の中に入るだなんて聞いていないぞ！
あちゃー…
父さん…僕も何だか怖くなってきたよ！
大丈夫だ
ラビに任せればいい
ラビ！私たちはどこに連れていかれるのですか⁇
私たちは荷物を持ってここに来いとしか聞いていません！
落ち着きなさい
私たちはもうこの地に住むことはできない
それは分かっているね？

はい…
ではどこに行けと…
約束の地だ
………！
な？
うん！
これが飛行機っていうんだね

ちょっと椅子が硬くて座りにくいけど
ラクダの背中よりは揺れなくていいね
そうだな
救出に使用された飛行機の中には50席しかない小型のものもあり
1回の輸送を最大限に活かすには重量オーバーもやむを得ず
機内に設置された木製の長いすに詰めて座ることで
1度に120名を移送することができた
通りますよー
おいちょっと詰めろ!
ファ…

疲れましたよね？
飲み物をどうぞ
あ…
すまない
飲み物
どうぞー
おい…
なんだか
思ってたより
親切だな
…………
ラビの言う
とおり…
本当に俺たちは
約束の地へ
連れて行って
もらえるのかも
しれないいな…
ホカ
ホカ

飲め
え?
あんたも少し休め
あ…!ありがとう…
温かい…
って温かい??
どうやって??
!!

あ゛ーーー!!
ボォォォォォ
ダメーーー!
機内で火はダメーーー!!
うわ!
なんだよおい!
バッ
ババッ
え? これ本当の話ですか?
らしいですよ
本人たちは当然悪気などなく純粋に乗務員をねぎらいたかっただけだそうですけどね
床はコゲたそうです…
火事にならなくて良かったです
プスプス…
多少のハプニングはあったが…

長い
空の旅は
スー…
グガー
終わろうと
していた
ガガガッ
皆さん　機長です
!
窓の外を
ご覧ください

約束の地です
©Library of Congress
聖書に約束されている乳と蜜の流れる地
その姿に人々は歓喜し
涙を流したそうだ

イエメンからの救出は1年以上にわたり総勢4万5千640人のユダヤ人がイスラエルへと帰還しました
この魔法の絨毯作戦について後にイスラエルの首相となるゴルダ・メイールはこう振り返っています
ゴルダ・メイール
イスラエル唯一の女性首相
以下『イスラエル——民族復活の歴史』（ミルトス刊 196-197頁）より抜粋
私は時折ロッド（現ベングリオン空港）に行って
アデンから到着する飛行機を出迎えたものでした
疲れ切った乗客の忍耐と信念にはただただ驚嘆するばかりでした
ニコ ニコ

あなたは前に飛行機をご覧になったことはあるの？
いいえ ありません
飛ぶのは怖くなかったのですか？
いいえ
聖書に全部書いてあります
彼らは鷲の翼で上っていくと

主を待ち望むものは
新たなる力を得
鷲のように翼をはって
上ることができる
※聖書
イザヤ書 40 章 31 節
ここで「上る」とは
イスラエルの地に行く
ことを指す
その顔は
預言が成就した
喜びと
旅が終わった
喜びで 光り
輝いていました
この老人
だけでなく
イスラエルの
空港で
タラップを降りた
多くの人が

感動でその場にひれ伏し
地面に口づけしたそうです
2千年ぶりに故郷に帰ることができた喜びを
全身で表していたんですね
ちなみに作戦名の「魔法の絨毯」というのは通称で
正式にはヘブライ語で「アル・カンフェー・ネシャリーム」(鷲の翼に乗って)であり
על כנפי נשרים
ゴルダ・メイールが会った老人の言ったとおり聖書のイザヤ書と
出エジプト記19章4節「あなたたちを鷲の翼に乗せてわたしのもとに連れてくる」に因んでいるんです
かっこいい!!
おおおお!
では続いてエルアル航空の危機管理能力についてお話します!
とうとう「鬼のマジで激やばセキュリティチェック」の秘密が明かされる!
ヒィィ
言い方!

# 第3章　危機への対応

## 世界で最も安全

エルアル航空は、誰もが認める「世界一安全な航空会社」である。ある航空格付け会社のランキングでは、かつて8年連続で1位に輝いたこともある。

なぜ安全なのかというと、まず機材の多くにはミサイル回避システムの「フライトガード」と呼ばれる警報装置が搭載されている。これは、アメリカ合衆国大統領専用機「エアフォースワン」にも導入されている「フレア」というシステムだが、民間航空会社で装備するのはエルアル航空が初めてだった。２００２年、ケニアでイスラエルのチャーター便がミサイル攻撃を受けた事件があり（幸いミサイルは機体を逸れた）、その後エルアルはこの回避システムの導入を決めた。1体100万ドルもかかるとても高価な設備である。ミサイルを感知すると自動的に「フレア」と呼ばれる発光弾が発射され、ミサイルがフレアの方向に引き寄せられることによって機体への着弾を防ぐことができる仕組みである。最近ではサウジアラビアの政府専用機に採用されたのが話題になったが、まだまだ民間機では特別な装置と言えよう。

さらに、旅客機自体もボーイング社の特注で安全を最優先した仕様になっている。一説によると、機関銃で乱射されても穴の開かない超合金のボディなのだという。さらに機内には鍛え抜かれた保安員が客に紛れて常駐し、ハイジャックを防止するために目を光らせているとも言われる。

手の内を明かすことになるので、セキュリティに関しては公開されることがない。そのため都市伝説のような逸話がまことしやかに語られていて、真偽のほどは定かではない。実際に搭乗してみると、他の航空会社と変わらずキャビンクルーが笑顔で優しく接してくれる。しかし様々な伝説以上に、客の目に見えないところにセキュリティ技術が満載されており、それがこの航空会社の特徴なのだ。そこには少しの妥協もない。

そんなエルアルにはもう1つの顔がある。「世界で最も危機対応に優れた航空会社」なのである。

## コロナ禍での対応

ユダヤの民は何度も国を失い、土地を追われる憂き目に遭った。聖書によると、今から3千年以上前、族長ヤコブの一族が飢饉のためにエジプトに逃れ、その後数百年間エジプトで暮らした。エジプトの王ファラオに苦しめられたが、奇跡的にエジプトを脱出して約束の地カナンに帰還した。その後、ダビデ王が打ち立てた王国もアッシリアやバビロニアといった大帝国に滅ぼされ、ある部族は離散し、ある部族はバビロニアに捕囚された。第一神殿の崩壊である。数十年後、イスラエルの地に帰ることが許され、帰還した人々によって神殿が再建された。これがイエス・キリストの生きた第二神殿時代である。その後、紀元70年にローマ軍によって第二神殿も崩壊し、ここからユダヤ人の長い流浪の時代が始まる。離散の地でアイデンティティを保って生き続けた彼らは、どれほど長い年月が流れようとも、必ず約束の地に戻ってくると願い祈り続けた。

離散して1900年もの月日が経過した1948年、新生イスラエル国家が誕生した。そして前章で見たとおり、世界に離散する同胞をイスラエルに帰還させるという使命を帯び、エルアル航空は国家の翼として活躍してきた。その使命は70年以上経った今も全く変わっていない。イスラエル人が滞在する異国の地で有事があれば、同胞を安全に本国に連れて帰る。それがいかに危険であろうと、またどれだけ遠い国であろうと躊躇はない。これは離散の歴史が長いユダヤ人特有の感情なのかも知れない。

２０２０年から始まった新型コロナウイルス禍のケースも例外ではなかった。全世界がパンデミックに陥った際、海外に渡航中の人は身動きが取れず、自国に戻る飛行機を求めて各地の飛行場に殺到した。そんな中、イスラエル政府は即座にエルアル航空のチャーター便を手配し、インドやペルーなどに特別便を飛ばした。そこには、過去に一度も直行便を飛ばしたことのないオーストラリアも含まれていた。実に18時間に及ぶフライトだった。

イスラエルの対応は他のどの国よりも早かった。他国の航空機が多数駐機する飛行場に颯爽と降り立ち、同胞を乗せて飛び立っていくエルアルの姿はまるで、出エジプトの際にモーセが紅海を真っ二つに割ってユダヤ民族を導いたようだと報道された（聖書、出エジプト記14章）。

こうした非常事態に対する高い対応能力を誇るイスラエルだが、通常時のテルアビブのベングリオン空港でも日本ではあまり目にしない光景を目にする。短い海外旅行や出張から帰ってくる人を、まるで何十年も待ち焦がれたかのように到着ロビーで出迎える姿だ。花束や風船を手に今か今かと首を伸ばして待ち、愛する家族の姿を見つけると駆け寄って抱擁する。そんな感動的な再会シーンが24時間ずっと続く。到着ロビーの天井には、手から離れてしまった無数の風船が漂っているほどである。

また乗っている飛行機が無事に祖国イスラエルに到着すると、客席から自然と拍手が沸き起こる。非常時ではなく平時の話である。日本人が当然と感じていることが、イスラエル人にとっては当たり前ではないのだ。建国時から繰り返される戦争、テロ、ハイジャックなどと戦ってきたことで、イスラエルを無事に出入りすることがどれだけ有り難いことかを経験してきたシニア世代には、なおさらその気持ちが強い。

## テロにも動じない

2001年9月11日、アメリカ同時多発テロが起きた時のこと。ハイジャックされたアメリカの航空機がニューヨークのワールドトレードセンターに突っ込む映像が放映されると、世界は大混乱に陥った。アメリカ政府は全容が把握できるまですべての航空機の飛行を禁じた。

しかしそのわずか3日後、どこよりも早くフライトを再開させたのはエルアル航空だった。エル他の航空会社はどのように対処すべきか判断できず、躊躇していた中での出来事だった。エルアルは日頃からテロ対策に取り組んでいるため、セキュリティに関するあらゆる準備とシミュレーションができていたので、すぐに対応することができたのである。テロのあった翌日には、ニューヨーク→テルアビブ便の搭乗者名簿を準備していたと言われている。

この同時多発テロは、航空会社や飛行場のセキュリティ体制を一変させた。すべてを見直していく中で模範とされたのが、エルアル航空の保安検査だった。現在アメリカではその基準がスタンダードとなっている。

イスラエルのベングリオン空港では、空港保安員が搭乗者に対して「口頭による保安上の質問」を徹底して行なってきた。その甲斐あって１９６９年以降、エルアル航空全便に加えてイスラエル発の飛行機に関してはハイジャックやテロ事件が起きたことがなく、すべて未然に防いできた。特別に訓練された約２０００人の行動追跡要員が空港に配備され、不審な行動の監視に当たっている。ハイテク技術だけに頼ることなく、人材を育成して徹底的な安全対策を行なってきたのである。保安員は機械的にチェック項目をこなすのではなく、搭乗者の心理状態を見極めることはさることながら、こうした質問が保安上いかに大切で有効であるかを理解してもらえるよう努め、搭乗者全員に進んで協力してもらえるような態勢を構築しなければならない。エルアル航空はこの安全システムのために、一般の航空会社と比較して約10倍のコストを費やしてきた。安全への配慮に関しては決して妥協することなく、最後はマンパワーで安全を確保するというのがエルアル航空のぶれない方針である。

## 火山灰や雪の中でも飛ばす

エルアル航空は、天変地異にも果敢に立ち向かってきた。2010年4月、アイスランドで大規模な火山の噴火が起きた。火山灰が成層圏にまで達したため、ヨーロッパ中の飛行機が飛べなくなった。火山灰がエンジンに入ると墜落する危険があるためである。世界の700万人を立ち往生させたこの天災は、「第二次大戦後最大の航空混乱」と言われた。

噴火したのがちょうどイスラエル独立記念日の直前だった。海外にいるイスラエル人は、独立記念日には帰国して家族や友人と過ごす習慣がある。そこでエルアル航空は、危険な状況の中でも旅客機を飛ばす決断を下した。独立記念日までにヨーロッパから帰国できるよう、イタリアのローマ、スペインのマドリードとバルセロナ、そしてギリシアのアテネからの便を増発した。

「エルアルのチケットを持ってヨーロッパにいる人は、これらの都市まで陸路で来ることができればイスラエルに連れて帰ります！」との案内メールが送られたという。

さらにその年の冬、記録的な大雪でニューヨークではほとんどの便が欠航になった。機体に積もった雪の重量で浮揚できなくなるため、航空機にとって雪は大敵である。しかしそんな悪天候の中でもエルアルは飛び続けた。特別な液体を用いて1m以上積もった雪を溶かして対応したのだという。

こうした天災に対しては航空機のメンテナンスとパイロットの技術が試されるが、エルアルが決して無茶をしているわけではない。日頃からの訓練の積み重ねがあるから、非常時にその真価を発揮するのである。

## 世界の災害支援

エルアルの救援活動は同胞のためだけではない。人命を救出するまでの時間が勝負となる地震や台風といった災害時には、世界に向けて救助隊や救援物資を運んでいる。

2010年1月、ハイチで大規模な地震が起きた。地震の翌日、イスラエル政府はエルアル航空の専用機で軍の救助隊と救援物資を現地に送った。救助隊は着後すぐに野線病院を作って救助に当たった。そして、瓦礫の下から22歳の男性が10日ぶりに救出された時には歓声が起こった。

２０１１年3月11日の東日本大震災の際、イスラエルは53名の医療支援チームを世界に先駆けて派遣した。震災から2週間後の3月26日のことである。翌27日、成田に到着した2機のエルアルの機体には医療機材をはじめ、コート１万着、毛布６千枚、簡易トイレ１５０個などの支援物資が積み込まれていた。医療チームは、津波で医療施設が崩壊した宮城県南三陸町に仮設診療所を設営し、４月10日までのおよそ2週間、医療活動を行なった。撤収するにあたり、引き続き地元の医師が医療機材を利用できるよう、レントゲン機器など高価な機材をすべて地元に寄贈した。

その他にも２０１３年11月、フィリピンの巨大台風では、その翌日に兵士１５０名と救援物資１００トンを積んだエルアル航空機が現地に向かっている。２０１５年4月のネパール地震では、医師、レスキューチーム２５０人がエルアル機で派遣された。これはネパールで起きた過去最大級の地震だったが、イスラエルの救助によって多くの人が瓦礫の中から生還することができた。

２０２3年2月にトルコとシリアを襲った大地震では、地震の翌日にエルアル航空の緊急特別機で30名の救助・医療スタッフがトルコに飛んだ。エルアル機には10トンの救援物資が積み込まれ、被災地で多くの人命を救助した。

このようにイスラエルは世界中で災害支援を行なっているのだが、その理由は何なのか。もちろん、世界における存在感をアピールするためという政治的な意図もあるだろう。それにしても、人口が1千万にも満たない小国のイスラエルが、危険を顧みずに自国民以外の被災者を救護することにメリットはあるのだろうか。筆者があるイスラエル人から聞いた話では、そこには損得勘定以上に民族が通らされた歴史の心理的背景があるのだという。ユダヤ人は1900年もの間、自らの国を持つことができずに世界に離散し、降りかかる様々な迫害や命の危険をくぐり抜けて生き残ってきた。いつの時代もユダヤ人に手を差し伸べてくれる人はほとんどいなかった。だからこそ国を回復することができた今、助けを必要としている所に赴くのだという。それがたとえ敵対する国であっても、国交のない国であっても、急を要する事態にはこちらから救援の必要があるかどうかを打診するというのである。

災害援助はイスラエル政府の依頼に基づいているとはいえ、迅速な対応が求められるため、日頃からの準備が必須である。エルアル航空はこうした非常時に機材を何とか調整し、救援を最優先させることに迷いはない。時には旅客機の座席に多くの救助犬を乗せて運ぶため、帰国してシートの消毒が大変だったと実際に作戦に参加した人から聞いたことがある。

イスラエルは、世界が危機的状況にある時には採算を度外視して救援のために駆けつける。その対応スピードがとにかく速い。エルアル航空の職員は、パイロットからエンジニアに至るまでその任務を誇りに思っている。

コロナ危機に際しても、ヨーロッパで医療物資が不足した際、動かせる機材をフル活用して韓国や中国で物資を積み、イタリア、スペイン、トルコに運んでいる。イスラエルが培ってきた危機管理能力は、今や自国民を救うためだけでなく、緊急に助けを必要とする全世界の人の光となっているのだ。

# 東日本大震災への支援

エルアル航空の危機への対応はいかがでしたか？
かっこよかったあああああああああ！
今度からは「鬼ヤバセキュリティチェックだけど　だからこそ世界一安全な航空会社」って呼びますね！
グッ
長くない？
…安全性が伝わったなら何よりです
でも3・11の時イスラエルから医療支援チームが来ていたのは
お恥ずかしながら知りませんでした
ああ…
あの時は世界中から沢山の国が日本を支援してくれていましたから
個別に把握するのは難しかったかもしれませんね
外務省によると163カ国・地域及び43の国際機関から支援の申し出があったそうです
Pray for Japan!
ありがとうございました!!
では3・11のことをもう少しだけ補足しましょう
参考資料　外務省 HP 内
東日本大震災
イスラエル医療支援チーム
活動概要
ピッ

2011年3月11日14時46分
宮城県牡鹿半島の東南東沖130㎞を震源とする
東北地方太平洋沖地震が発生した
地震の規模はマグニチュード9・0
日本は東北地方を中心に津波などにより甚大な被害に見舞われた
震災発生から約2週間後の3月27日
成田空港に真っ白に塗装されたエルアル航空機が到着し
CARGO EL AL אל על
ISRAEL AIRLINES נתיבי אויר לישראל
イスラエルの医療チーム総勢53名※が降り立った
外国からの医療団としては最初になる
※医師14名
看護師7名 その他技師 通訳 ロジ要員等

翌28日には宮城県栗原市と協力し南三陸町にてクリニックを設営し
29日には医療活動を開始した
日本人医師と共にクリニックでの診療や
クリニックに来られない人たちへ往診を行なったり
産婦人科の医師が不足しているとのことで往診での妊婦検診や
生まれたばかりの赤ちゃんを検診するなど積極的に活動を行なった
そういえばイスラエルって地震がほとんどない国ですよね？余震とかは怖くなかったんですかね？
その事も報告書に書いてありました
東京の私でも怖かったのを覚えています
ISRAEL
4月7日の夜大きな余震に見舞われた
ゴゴゴゴゴ
地震に不慣れなイスラエル人メンバーは驚いた
しかし…

このような時こそ自分たちの活動が重要である
と言って診療を継続した
士気の高さが伺えますね！
活動最終日には南三陸町と栗原市の人たちが
別れを惜しみながら見送った
さらにこれは日本でも当時ニュースになったのですが
２０１２年８月２日宮城県各地の高校生13人がイスラエル中部ラムラでイスラエル緊急医療チームの責任者ゴラン・アミル大佐を表敬訪問しお礼を伝えたそうです
まだ大変な時だっただろうに
遠いイスラエルまでお礼を伝えに行ったなんて素晴らしいですね
ありがとうございました!!
ちなみに…
？
ISRAEL

当時の宮城県栗原市佐藤勇市長はイスラエルのキブツ※での滞在経験があり
その縁でイスラエルから直接の申し出が来て南三陸町に繋いだそうです
※社会主義的な特徴を持つ集団農場
医療団が帰る日には佐藤市長と団員で一緒に「黄金のエルサレム」※を歌ったそうですよ
ירושלים של זהב
※イスラエルの第２の国歌と言われるほど有名なポピュラーソング
なんだか奇跡のようなご縁ですね
イスラエルと日本の深い繋がりを感じますよね
イスラエルとエルアル航空の迅速で柔軟な対応は
これからも世界各地の人々の助けとなっていくでしょうね
イスラエルとエルアル航空の皆さんありがとうございました！
それでは続いて「ユダヤ教への配慮」についてお話していきます！
待ってました――！
ユダヤ教好き

# 第4章　ユダヤ教への配慮

## 超正統派にも配慮

エルアル航空は、そもそもユダヤ人のために設立された航空会社である。イスラエル国内に約700万、世界には総勢約1400万のユダヤ人がいる（2022年5月現在）。彼らが機内を自分の家と感じることができるよう様々な便宜が図られている。

イスラエルにいるユダヤ人の半数以上は、宗教的な戒律を積極的に守らない「世俗派」と呼ばれる人々である。残りは宗教家に分類され、様々なセクトに分かれている。その中で人口の15％に相当する約110万人が「超正統派」と呼ばれ、厳格に戒律を守る人たちである。もみあげとひげを伸ばし、夏でも黒いコートに身を包み、シルクハットの黒い帽子をかぶっている人たちだ。エルアル航空は、そんな厳格なユダヤ教徒への配慮も忘れない。

ではここで知られざるエピソードを紹介しよう。

## 幅広い食事の選択肢

まず、ユダヤ教には食に関する「コーシェル」という規定があり、エルアルの機内食はすべてこれに準拠している。食材として禁じられている主なものは豚肉、ウロコのない魚（タコ、イカなど）、貝類などである。そして食べ合わせとして、肉類と乳製品を一緒に食してはならない。例えばチーズバーガー、肉入りのピザ、生クリームの入ったビーフシチューなどがこれに相当する。ビーフやチキンの機内食であれば、食後のコーヒーのミルクやアイスクリームが出てくることはない。新設された日本便では、エルアル専用の厨房でラビ（ユダヤ教師）の監修のもと、東京で日本の食材を使った「日本版コーシェル」の機内食が作られている。

ただし超正統派にとってはこれだけでは十分とは言えず、さらに厳しいチェックを受けた食事が供される。より厳格な基準の食事は「グラットコーシェル」と呼ばれ、食材はもちろんのこと、調理法や料理を入れる容器まで入念に検査され、専用ボックスに入れられる。そして、途中で不純物が混入しないよう全体をビニールで二重巻きにした状態で提供される。

専用ボックスには、お墨付きを与えるラビのサインが入った認定の説明書が入っている。これを希望する人は、どのラビの認定が希望かを選択することができる。イスラエル在住ならエルサレムのラビ、アメリカ在住ならニューヨークのラビといった具合である。

こうした厳格な管理のもと、さらに魚、肉、野菜のみ、卵抜き、グルテン抜き、乳製品なしなどのリクエストにも応えてくれる。選択肢の幅がとにかく広く、それを個別に運ばなければならないキャビンアテンダントは走り回って大忙しとなる。「ビーフorチキン」どころではないのである。

なぜここまでやるのかと思われるかも知れない。先述のとおり、イスラエルに住むユダヤ人は、宗教的な戒律をそこまで厳格に守らない世俗派が大半を占めるが、彼らもユダヤ教徒である。イスラエルはユダヤ人国家であり、ユダヤ教に立脚して運営されている。日付についても、公式なものは必ずユダヤ暦が並記され、安息日である土曜日には仕事をしないという原則がある。エルアルはそもそも国営で始まった航空会社なので、国家の運営指針に従っただけとも言えるが、最も大きな理由は、超正統派ユダヤ教徒もエルアル航空の大切なお得意様だからである。その数は全搭乗者の約3割を占めている。それで、エルアル航空の機内には明らかにユダヤ教徒を意識したサービスや配慮が存在しているのだ。

## 男女の仕切り

超正統派でなくとも、宗教家と呼ばれる人々は家族以外の男女の接触をできる限り避ける。まず握手することはないし、シナゴーグやエルサレムの西の壁など、礼拝する場所では基本的に男女間に敷居が設けられていて同じスペースで祈ることはない。バスや飛行機など交通機関の座席でも隣同士に座ることを避ける。

エルアルのフライトで次のような〝事件〟が起きた。ある超正統派ユダヤ教徒の男性が自分の予約した座席に行ってみると、隣の席に女性が座っていた。しかもあろうことか、周りにも女性グループが座っていて、短パンにノースリーブという出で立ちである。

その男性はここには座れないとキャビンアテンダントに抗議したが、満席なので他に席はないという。彼は怒り狂い、離陸する段になっても通路に立って座るのをボイコットした。飛行機は飛び立つことができず、怒号が飛び交い機内は混乱。このままでは埒が明かないので、クルーは緊急策に打って出た。男性の席の両側に段ボールの仕切りを急ごしらえしたのである。男性はしぶしぶその席に座り、ひとまず離陸することができた。

しかしこれでめでたく解決というわけにはいかなかった。怒りの収まらないこの男性は、実は海外では権威ある偉い方だったそうで、その後あるユダヤ教の団体にエルアルを訴えた。そして、超正統派が安心して乗れるよう、通路を隔てて男女の席を左右に完全に分けるよう提案したという。しかし、これはいくらエルアルでも呑めない要求だった。エルアル側は丁重に説明し、案は却下された。

## 祭司の悩み

次の〝事件〟は飛行機の航路に関するものである。ある男性がヨーロッパからエルアル航空に搭乗した。そして自分の座席に座るとおもむろに透明なゴミ袋を取り出し、全身を覆い始めた。この異常な行動に、テロリストではないかとクルーたちは慌てた。

チーフパーサーが彼のもとに飛んでいき、「一体何をしているのですか?」と尋ねた。この男性は真剣な眼差しで、「この飛行機は離陸した直後に墓地の上を通ることになっている。だからビニールを被っているんです。私は祭司の家系なので」と答えた。

祭司というのは、聖書に登場する12部族の中でレビの家系に属している。かつてエルサレムに神殿のあった時代は、祭司が神殿内の儀式を執り行なっていた。その際、自らが不浄な状態だと務めを果たすことができず、宗教的に清い状態に保たなければならない。死体は最も不浄なものとされていたため、祭司は墓所に近づくことができなかったのである。

今はユダヤ教の神殿はないのだが、この教えを守り続けている祭司の家系があるという。祭司のことをヘブライ語で「コーヘン」と言うが、その人の苗字や代々の言い伝えで祭司の家系であることが分かるそうだ。

祭司の末裔であるこの男性は、それが上空を飛ぶ機内であっても墓地に近づいてしまうことを恐れたのである。しかし飛行機に乗らなければ目的地に行けず、航路を変えてくれというのも無理な話。困った男性が事前にラビに相談すると、飛行機が墓地を通過する際、体をビニールでラッピングすれば不浄な物を避けられるとアドバイスされたという。笑い話のようであるが、至って深刻なエピソードなのである。

## 安息日前に緊急着陸

最後に安息日に関わる〝事件〟を紹介しよう。ユダヤ教では金曜日の日没から土曜日の日没までが安息日と呼ばれ（ユダヤ暦は日没から1日が始まる）、あらゆる労働や人の移動が禁じられている。それでエルアル航空もこの日には飛行機を飛ばさない。ユダヤ新年、贖罪日《しょくざいび》、仮庵祭《かりいおさい》、過越《すぎこし》祭、七週祭《ななしゅう》といった祭日も同様である。日本人はユダヤ教の暦や祭りに馴染みがないので、欠航する日には注意が必要かもしれない。

ある冬の出来事である。木曜の夜にニューヨークを出発し、金曜日の安息日入り前、つまり日没前にテルアビブに到着するというフライトがあった。しかしその日、ニューヨークは朝から大雪に見舞われ、空港に向かうクルーを乗せた車が大渋滞に巻き込まれた。それで予定より4時間遅れで出発。悪天候も重なり、さらに到着が遅れる見込みとなった。

到着予定の金曜日の夜は、ユダヤ新年でもあった。このフライトに乗っていた大勢の超正統派ユダヤ教徒は、大幅に遅れる見通しであることを知り、機内で騒ぎ始めた。

「このままでは安息日前にイスラエルに着けそうにない。戒律違反になる。どうしてくれるのだ！」

乗客同士が怒鳴り合い、つかみ合いのケンカも始まって収拾がつかなくなったため、エルアルの判断で安息日に入る前にギリシアへ緊急着陸することになった。厳格な宗教家はここで降り、空港近くのホテルに泊まって安息日には移動してはいけないという戒律を守る。希望者は引き続きテルアビブに向けて飛行を続けるというものだった。

この応急処置で何とか問題は解決したのだが、後に補償問題に発展したようである。いずれにせよこれが、安息日にエルアルが飛行した異例のフライトとなった。

## ユダヤ人の家

エルアル航空は2005年に民営化されたが、ユダヤ教の戒律に則って運営する方針は今も変わっていない。あまりにも宗教家に配慮するあまり、世俗派のユダヤ人から苦言を呈されることもある。しかし、ユダヤ人に対してはどんな条件であろうとできる限りの便宜を図る。すべてのユダヤ人に、世界のどこにいても「Home Away from Home」（遠く離れていても家と呼べる場所）と感じてもらえるよう努力を惜しまないのである。

ユダヤ教徒は1日3回エルサレムに向かって祈る。それは飛行中も同様である。機内であっても憚《はばか》らずに祈ることができるのはエルアルだけである。祈祷の時間になると、席を立って祈っている姿を見かけることがある。

エルアルはもちろん非ユダヤ人も利用できる。あなたがエルアルに乗り、隣に宗教家のユダヤ人が座っても恐れることはない。そこからあなたの「イスラエル体験」は始まっているのである。

コーシェルの食事にイスラエルのワインやビール、聖地の音楽や映像、機内ではヘブライ語が聞こえてくる。宗教家から一般の人まで多種多様なユダヤ人。成田から一歩エルアル機に乗り込むと、そこはもうイスラエルなのだ。

# 教えて！ ユダヤ教

**光永** さて田中さん、エルアルの「ユダヤ教への配慮」を見てきましたが、いかがでしたか。

**田中** いやあ、ここまでやるかっていう感じですね。特にビニール袋を被った人のエピソードなんて、エルアルならではですね〜。

**光永** そうですね。私たちにとっては滑稽にすら感じるお話ですが、本人にとってはいたって深刻な問題なんです。

**田中** 私も今、ヘブライ語を勉強しながら、イスラエルやユダヤ教のことを学んでいるんですが、ユダヤ教のことをもっと知りたいと思いました。

**光永**　日本で「ユダヤ教」というものに接する機会は少ないですから、ここでもう少しユダヤ教について説明しましょう。

**田中**　よろしくお願いします！

## ユダヤ教って、いつ誰が始めた宗教で、何が信仰対象なんですか？

いつ誰が始めたのかというのは難しい質問です。一般的な宗教の場合、創始者が布教活動を行なって信者が誕生し、いわゆる「宗教」となっていくわけですが、ユダヤ教にはそのような創始者はいません。

まず、神はアブラハムという人物を最初に選びました。そのアブラハムが神と契約を結び、カナンの地（今のイスラエル）を与えられ定住し始めます。紀元前2000年頃の話です。アブラハムから息子イサク、そしてその息子ヤコブと受け継がれ、ヤコブから12部族が誕生し、やがて民族となっていきます。ここが起源です。

その後、紀元前1300年頃にモーセが登場し、神から戒律を授かります。これが「十戒《じっかい》」

です。そして、その戒律に則った生活を始めます。これがユダヤ教の誕生と見る向きもあります。しかしいわゆる「宗教」として確立していくのはもっと後で、バビロニアに捕囚された紀元前6世紀頃だと言う人もいれば、もっと後の紀元3世紀以降だという意見もあります。

創始者と呼べる人物がいるならば、アブラハムかモーセになると思いますが、ユダヤ教では祖先を記憶して敬意を払うことはあっても、人間が崇拝対象になることはありません。ユダヤ教の信仰対象はあくまで聖書の神で、天と地、動植物や人間、そして宇宙の万物を創造した唯一神です。

## 聖典は何ですか？

『ヘブライ語聖書』です。前述のアブラハム、イサク、ヤコブ、モーセなどの物語や、後のダビデ王の時代などが書かれています。いわゆる『旧約聖書』のことですが、この呼び名は『新約聖書』に対応するキリスト教の呼称です。さらに後の時代になって『ミシュナー』や『タルムード』といった書物が編纂され、これらもまたユダヤ教の聖典とされています。

## ユダヤ人は総勢で何人くらいいますか？

２０２２年の統計では、世界全体で約１５２０万人と推計されています。ユダヤ人の多くいる国トップ10は、イスラエルが約６９３万人、アメリカが約６００万人、フランスが約４４６万人、カナダが約３９３万人、イギリスが約２９２万人、アルゼンチンが約１７５万人、ロシアが約15万人、ドイツが約12万人、オーストラリアが約12万人、ブラジルが約９万人です。

## イスラエルの国民は皆ユダヤ教徒ですか？

イスラエルの国籍を持つ人の中にはアラブ系の人もいて、彼らのほとんどはイスラム教徒です。そしてごく稀にですが、他の宗教に改宗したユダヤ人がいますので、イスラエル人＝ユダヤ教徒ではありませんし、ユダヤ人＝ユダヤ教徒でもないのです。

ちなみに、イスラエルに住むユダヤ人の中でも、ユダヤ教の戒律を積極的に守る生活を行なっていない「世俗派」と呼ばれる人が過半数を占めます。しかし、そんな世俗派の人も宗教上は「ユダヤ教徒」と定義されます。

## 食事規定について、もう少し詳しく教えてください。

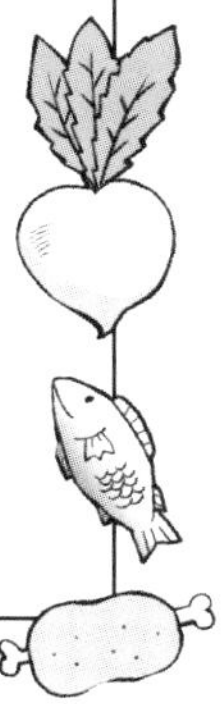

ユダヤ教の食事規定は、ヘブライ語で正式には「カシュルート」と呼ばれます。そして食べてよい食物のことは一般に「コーシェル」（英語発音でコーシャー）と言われ、ヘブライ語の「カシェル」（適正な）から派生した言葉です。

コーシェルの基本的な概念は大きく2つあります。

①不浄な生き物を食べてはいけない
②肉類と乳製品を一緒に食べてはいけない

①の不浄な生き物については、聖書のレビ記11章等に詳述されています。地上の動物の場合、

「反芻してひづめが分かれているもの」だけを食します。例えば、豚はひづめが分かれていますが反芻しない、ラクダは反芻しますがひづめが分かれていないのでＮＧとなります。

海や川に生息する水生動物については、「ひれとうろこのあるもの」だけを食すことができます。例えば、エビやカニなどの甲殻類、タコやイカなどはひれやうろこがありませんので、食べてはいけません。貝類もダメです。鳥類に関しては、聖書に不浄な鳥類が列挙されていて、鶏や七面鳥はＯＫとなっています。

②の戒律については、「子ヤギをその母の乳で煮てはならない」（出エジプト記23章19節等）という一句から派生したもので、あらゆる動物の肉を乳製品と一緒に食してはならないと拡大解釈されて今に至っています。

## ユダヤ教のお祭りにはどんなものがありますか？

イスラエルでは様々な祝祭日がありますが、次の３つのグループに大別されます。

①聖書に戒律として記されているもの
②聖書に記された出来事や歴史的な故事に由来するもの
③近代イスラエルの出来事に由来する記念日

「ユダヤ教のお祭り」となると、①と②が相当します。

①は「三大祭り」と呼ばれるもので、春の過越し祭（ペサハ）、初夏の七週の祭り（シャブオット）、秋頃の仮庵の祭り（スコット）です。その他にも秋の新年（ローシュ・ハシャナー）や同時期に贖罪日（ヨム・キプール）があります。

②については宮潔《みやきよ》めの祭り（ハヌカ）、プリム祭、神殿崩壊記念日（ティシャー・ベアヴ）などがあります。

③にはホロコースト記念日、戦没者追悼日、イスラエル独立記念日、エルサレムの日などが相当します。

これらの祭日・記念日の中には、商店が休業となり公共交通機関もストップするものがありますので注意が必要です。また、ユダヤ暦に従って定められていますので、毎年西暦の日付が変わります。ユダヤ暦は基本的には太陰暦ですが、閏年が入ることによって季節とのずれが生じないよう工夫されていますので、太陰太陽暦と呼ばれたりもします。今はスマートフォンのカレンダー機能などで、今年はどの祭りが何月何日になるかを適宜知ることができます。

## 安息日とは何ですか？

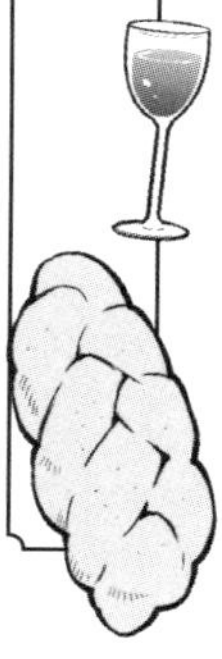

ヘブライ語で「シャバット」と呼ばれる休日で、毎週金曜日の日没から土曜日の日没までがこれに相当します。

安息日には「仕事をしてはならない」のが原則ですが、どこまでが「仕事」になるのかは後の解釈によって定められています。例えば、火を使うことが「仕事」と見なされることから料理をしてはいけない、車の運転もダメ、電気器具を使用することもＮＧです。その他にも、お金のやりとりや物を書くこと、物を運んだりすることも禁止されます。これらの禁止事項は、お祭りの休日にも同様に適用される場合があります。

基本的にイスラエルの国はユダヤ教の戒律に則って運営されていますので、安息日に仕事をすることは公に禁じられています。祭日同様、商店は休みとなり公共交通機関も止まります。

ただし、ユダヤ教には「人命尊重」を最優先するという原則があります。例えば、安息日に急病人が出たような場合、命に関わるような緊急時には人命救助を第一に考え、救急車を呼ぶことや医療行為もＯＫとされています。

# 第5章　成長するエルアル

## ジェット機の登場

イスラエル建国の直後、1950年から56年にかけて、エルアル航空はイエメン、イラクから総勢16万人以上のユダヤ人を救出して帰還させた（第2章参照）。また1949年にはヨーロッパ諸国、南アフリカ、1951年にトルコ、1959年にはイランと、ユダヤ人のいるところに定期便を就航させていった。その後、大西洋を横断し、ニューヨークまでの定期便を実現させ、航空会社としての実績を固めていった。

1960年代はジェット旅客機が登場し、航空業界が激変した。エルアルにとっても大きく飛躍した年であった。ジェットエンジンはすでに第二次大戦前から開発されていたが、主に軍用目的だった。民間機にはまだプロペラが使われていた。

ジェット旅客機の第1号は、イギリスのコメット社が製造した中型機だった。しかし世界初のジェット旅客機は故障が相次ぎ、改善を余儀なくされた。その間、アメリカのボーイング社がB707型機を完成させ、その最新鋭の機体に世界が注目した。B707は、アメリカ国内の航空会社のみならず、アジアやヨーロッパ、南アメリカ、アフリカなどの航空会社が競って購入した。エルアル航空も社運を賭けてボーイング社に3機発注した。エンジンは、推進力に優れ、車のエンジンと同様に評価の高いロールスロイス社のものが採用された。

1960年6月、発注したB707がイスラエルに納品された。ボーイングのシアトル工場からテルアビブの空港に運ばれ、空港では国の要人を招いてセレモニーが行なわれた。これにより、今もなお世界に離散するより多くのユダヤ人をイスラエルに連れてくることができる。皆の期待が高まった。

## 一般市民にも浸透

ジェット旅客機の登場は、世界の運輸史を変えてしまうほどの大きな出来事だった。

ボーイング社のジェット旅客機は、機内の気密性を高くして与圧（外の気圧よりも高く）し、高度約1万mの成層圏の飛行を可能にした。飛行速度や航続距離は、それまでのプロペラ機とは比較にならないほど伸びた。さらに乗り心地に関しても飛躍的に改善され、揺れや振動が少なく、音も静かだった。乗客の収容数もプロペラ機の約2倍となり、それでも燃費性能は向上していた。

日本でも同じ頃、日本航空の1番機がホノルル経由でサンフランシスコに向けて羽田空港を飛び立っている。世界では、1960年代からジェット機が飛び交うのが当たり前の光景となった。飛行機はそれまで移動手段としては高嶺の花で、一部の富裕層や会社の重役レベルの出張にしか使われなかったのが、運賃が下がったことにより、一般市民でも飛行機を利用できる時代が到来した。

## 記録的な距離と時間

イスラエルでは、納品された最新のジェット機であるB707を離着陸させるため、空港を改良する必要があった。ロッド空港（現ベングリオン空港）のメイン滑走路は2658mに拡張され、テルアビブ・ニューヨーク間の直行便を就航させた。飛行距離は9270㎞、飛行時間は9時間33分だった。この飛行距離と飛行時間は、いずれも当時の世界最高記録であり、さらに世界最長のノンストップ便として話題になった。ちなみに新しく就航したテルアビブ・成田便の飛行距離は、9200㎞でほぼ同じである。

それまでテルアビブからニューヨークに行くにはヨーロッパを経由する必要があり、所要時間は30時間ほどだった。その時間が3分の1以下に短縮され、イスラエルにとってアメリカは近い国になった。エルアル航空にとって最も大事な便ということで、ニューヨーク便のフライトナンバーは001便が使用された。1960年当時、イスラエルのユダヤ人口が210万人だったのに対し、アメリカにはその倍以上の550万のユダヤ人が住んでいた。

## 世界的な会社に成長

1962年、エルアル航空の年間搭乗者数は17万人を超えた。これは前年比で2倍である。そして創設から13年目に総利用者数が100万人を突破し、世界的な国際航空会社へと成長していった。

当時の主要便はニューヨーク行きの001便で、週に9往復就航していた。さらにロンドン、アムステルダム、ローマ、アテネなど、ヨーロッパの主要都市への便も増やしていった。19

62年6月にはドイツのフランクフルト便を開始させた。

当初エルアル航空の利用者はほとんどがユダヤ人だったが、その頃には非ユダヤ人の乗客率は40%近くに達した。エルアルはもはやユダヤ人を移動させるためだけでなく、国際的に成功した航空会社として世界から認められるようになった。

## アフリカへの遠い道のり

1962年、エルアル航空はB707の改良型B720を2機購入した。1968年までに所有する機材は7機となり、すべてボーイング社の旅客機だった。それらの機材を効率良く回して大きな利益を上げていった。エルアル航空とボーイング社との関係は今に至るまで良好で、所有するボーイング社の機材は45機となっている(2022年12月現在)。

安定した長距離飛行を可能にするB720をエルアル航空が購入したのは、アフリカ路線を再開するためだった。

アフリカ大陸最南端に位置する南アフリカには、当時13万のユダヤ人が住んでいた。1950年に就航が始まった時には、紅海を抜けてアフリカ中央部のケニアまで行き、そこから南アフリカに南下するという最短ルートが取られていた。しかし、1956年に起きた第二次中東戦争（シナイ作戦）によってエジプトとの緊張が高まり、定期便は中断された。

イスラエルは西の地中海以外はすべて敵国に囲まれ、北アフリカはすべてアラブ諸国が占めている。エジプトの脇を抜けていくルートが飛べなくなったため、アフリカ大陸への空の道は塞がれてしまった。

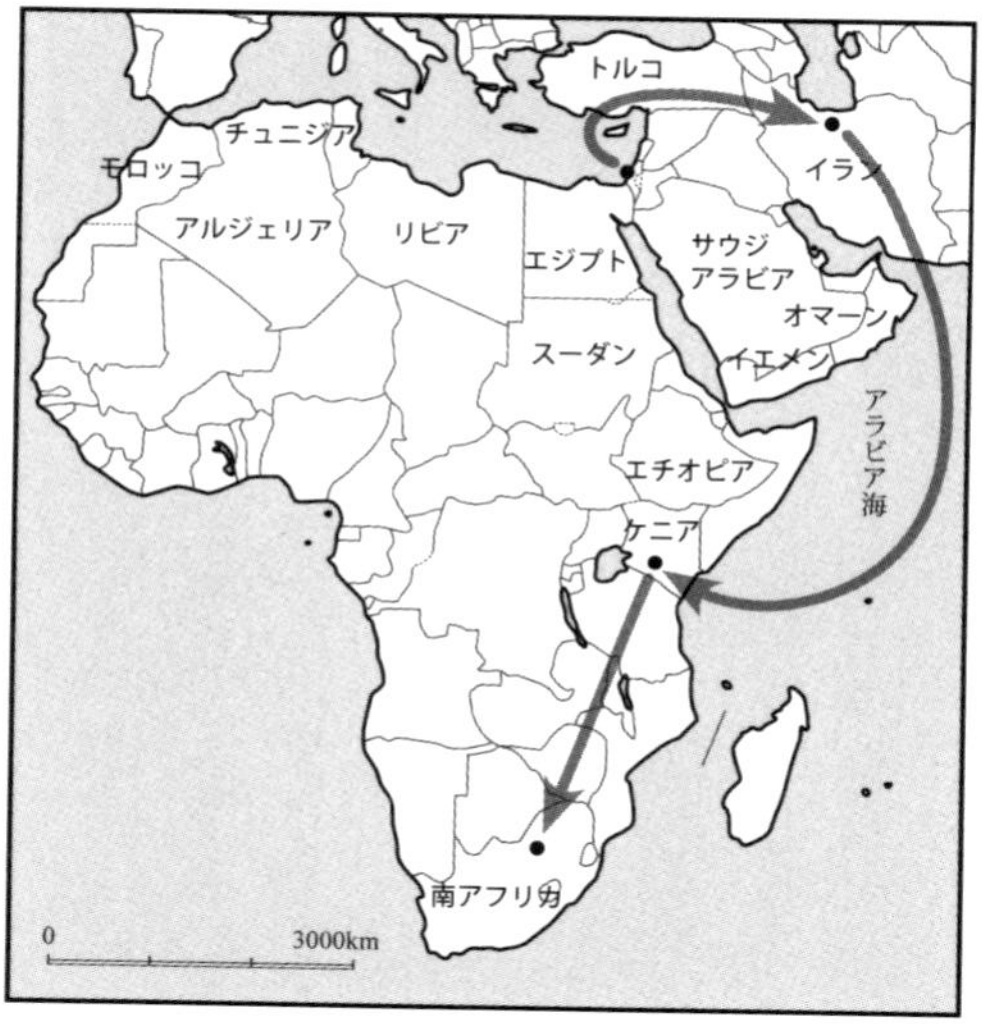


それでも何とかアフリカに到達するために知恵が絞られた。まず航路を北西に取り、地中海からトルコの上空を通ってイランの首都テヘランに向かう。当時イランはイスラエルの友好国で、エルアルはすでに定期便を飛ばしていた。テヘランで給油の後、今度は針路を南東に取ってイラン領土からアラビア海に抜け、アラビア半島を迂回してケニアのナイロビに着くという道筋である。通常ルートよりも3860km、時間にして16時間余計にかかった。そこから南アフリカのヨハネスブル

グに行くには、さらに3000㎞ほど南下する必要があり、合計約1万2千㎞の航路だった。これは当時の世界最長の路線である。

敵国の間を縫っての飛行は危険が伴うため、これはあくまで非常時の緊急ルートだった。実際このルートを使って飛行した際には通常より倍の乗組員が搭乗し、パイロットは敵に見つからないよう細心の注意を払って飛行し、見事に成功させた。ちなみにその時に使用されたB720機は、60年以上経った今でもイスラエル空軍で現役で活躍しているというから、どれほど素晴らしい航空機であるかが分かる。

2020年、新型コロナウイルスの影響によりイスラエルは外国人の入国禁止措置を取った。だがそんな中でも、エルアル航空はニューヨーク便とヨハネスブルグ便を運休させなかった。たとえ乗客がいなくても飛ばし続けるという姿勢から、いかにこの路線を大事にしているかが見て取れる。戦争その他の緊急事態の際、ユダヤ人の多く住む地域とのライフラインとして機能させるというエルアル航空のポリシーは、今も全く変わっていない。

## トルコとイランの協力

ここで、トルコやイランとの関係について触れておきたい。両国はイスラム教の国であってもアラブ民族の国ではなく、中東の中でもイスラエルの友好国として知られていた。1949年、トルコは建国直後のイスラエルと早々に国交を結び、1951年にはエルアル航空がイスタンブールへの直行便を開設した。

またイランとは1953年に国交を結び、1959年にエルアルの定期便が就航した。それ以降、1979年のイラン革命までの20年間、テヘランへの直行便が毎日就航しており、両国を繋いでいた。当時のイランにはイスラエルのビジネスマンが駐在していた。主要な建物や空港などのインフラも、イスラエルの建築会社が設計・施工していた。テヘランにはエルアルの支店もあり、ヘブライ語の看板が掲げられていた時代である。

トルコやイランとはこうした関係を築いていたので、第二次中東戦争の際にはエルアル航空へ手を差し伸べてくれたのである。その後、エジプトやエチオピアと国交を結んだことにより、南アフリカへの空路は安定した。

ちなみに、後述するUAEとイスラエルの国交正常化（2020年、アブラハム合意）について、最も非難した国がイランとトルコである。皮肉としか言いようがないが、中東という地域は常に流動的で、時代が変われば立ち位置も全く変わってしまうのである。

## 時間短縮への弾み

イスラエルからアジアへ向かう東への航路は、1990年にソ連が崩壊したことで大きく開けた。広大な土地を持つ共産圏の国が航空ルートを世界に開いたことにより、航空業界に大きな変化をもたらしたのである。これによりエルアル航空はモスクワ線、北京線、香港線を開設させた。

次なるエルアル航空の挑戦は、アジア・オセアニアそして南米に最短航路で飛ばすことだった。南アジア、すなわちタイのバンコクやインドのムンバイそしてデリーにも定期便を就航させたものの、安全上、最短ルートを取ることができなかった。アラビア半島の上空を飛べなかったからである。それで紅海を一度南下し、イスラエルを敵国と見なすサウジアラビア、イエメン、オマーンを回避してアラビア海に出る遠回りのルートを飛んできた。

それが近年、湾岸諸国との和平が進展したことにより、サウジアラビアはイスラエルの航空機に自国領空の通行を許可するに至った。そして2023年3月には、オマーンもイスラエル機の領空通過を認めた。これが定期便に適用されることになり、飛行時間は2~3時間短縮されることになった。そのお陰で、2024年7月には11万のユダヤ人が暮らすオーストラリアのメルボルン便が開設されることになった。飛行時間は約16時間である。

同様に、南米への最短ルートも改善された。エジプトの南に位置するスーダンと国交を結んだことにより、アフリカ大陸を横断して大西洋に出るルートが確立されたのである。ブラジルのサンパウロ便は現在運航停止中だが、これにより南米への飛行時間は2～3時間短縮されることになる。

## アブラハム合意

ここで湾岸諸国との国交正常化について説明しておこう。2020年8月、アラブ首長国連邦（UAE）およびバーレーンがイスラエルとの国交正常化合意に調印した。いわゆる「アブラハム合意」と呼ばれる和平協定である。ユダヤ教およびイスラム教の共通の父祖アブラハムの名前に因んでそのように呼ばれている。そしてその年、イスラエルの航空機が初めてサウジアラビアの領空を飛んだ。憎しみと混乱が続いてきた中東の歴史を考えると、奇跡と言っても過言ではない。

アラビア半島の上空に飛行機を飛ばすことは、イスラエル建国以来エルアルの悲願でもあった。それにより航路が大きく改善されるからである。UAEとバーレーンから始まって、スーダンやモロッコとも国交を結び、アラブ・イスラム諸国は次々にイスラエルと国交を正常化させる方向に向かっている。すでにエルアル航空はＵＡＥのドバイ、そしてモロッコのマラケシュにチャーター便を飛ばし、多くのイスラエル人が両国を訪れた。今後さらに関係の見直しが進んでいくと、イスラエルの航空事情はさらに大きく変わることだろう。

イスラエルが長い年月をかけて積み上げてきた外交努力の基盤の上に、２０２０年になって和平という花が一挙に咲き始めた。これらの国々に向けて、イスラエルから次々と直行便が飛ぶ平和な時代が到来しつつある。

新型コロナウイルスが蔓延し始めた頃、アルゼンチンに医療物資を運ぶエルアル機がスーダン上空を飛んだというニュースが報じられた。これはイスラエルとスーダンが国交を樹立する前のことだった。翻って、エルアルの航路にとって重要な鍵を握るサウジアラビアは、公式にはイスラエルと国交を樹立していないが、エルアル航空に通行許可を出している。スーダンの例から分かるとおり、イスラエルの航空機がサウジアラビア上空を飛べるという事実は、両国関係が今後さらに発展していくことを示唆しているだろう。正式に国交を結んで双方が大使館を設置する前に、相手国の上空を自国の飛行機が飛ぶ。国交正常化への第一歩はそこから始まるのである。

## エルアルの航路

田中　最初は自分の飛行機も持てないところから始まったのが、今やエルアルは世界中を飛び回る航空会社に成長したんですね！

光永　そうですね。ジェット機の登場により、世界はガラリと変わりました。

田中　で、現在エルアルはどれくらいの地域に乗り入れているんですか。

光永　ざっと世界33カ国、合計52の空港に定期便を飛ばしています（２０２３年5月現在）。

田中　そんなにあるんですね！

光永　主な場所を世界地図にまとめてみました。

エルアル航空の就航先一覧です
ヨーロッパ地域
〈50音順〉アイルランド、イギリス、イタリア、ウクライナ、オーストリア、オランダ、ギリシア、クロアチア、ジョージア、スイス、スペイン、スロベニア、チェコ、ドイツ、トルコ、ハンガリー、フランス、ブルガリア、ベルギー、ポーランド、ポルトガル、モンテネグロ、ルーマニア
ロシア
ジョージア
イスラエル
中国
キプロス
モロッコ
アラブ首長国連邦
日本
エジプト
インド
タイ
こんなに沢山飛んでいるんだね！
南アフリカ

# 世界 36 カ国　合計 53 都市！

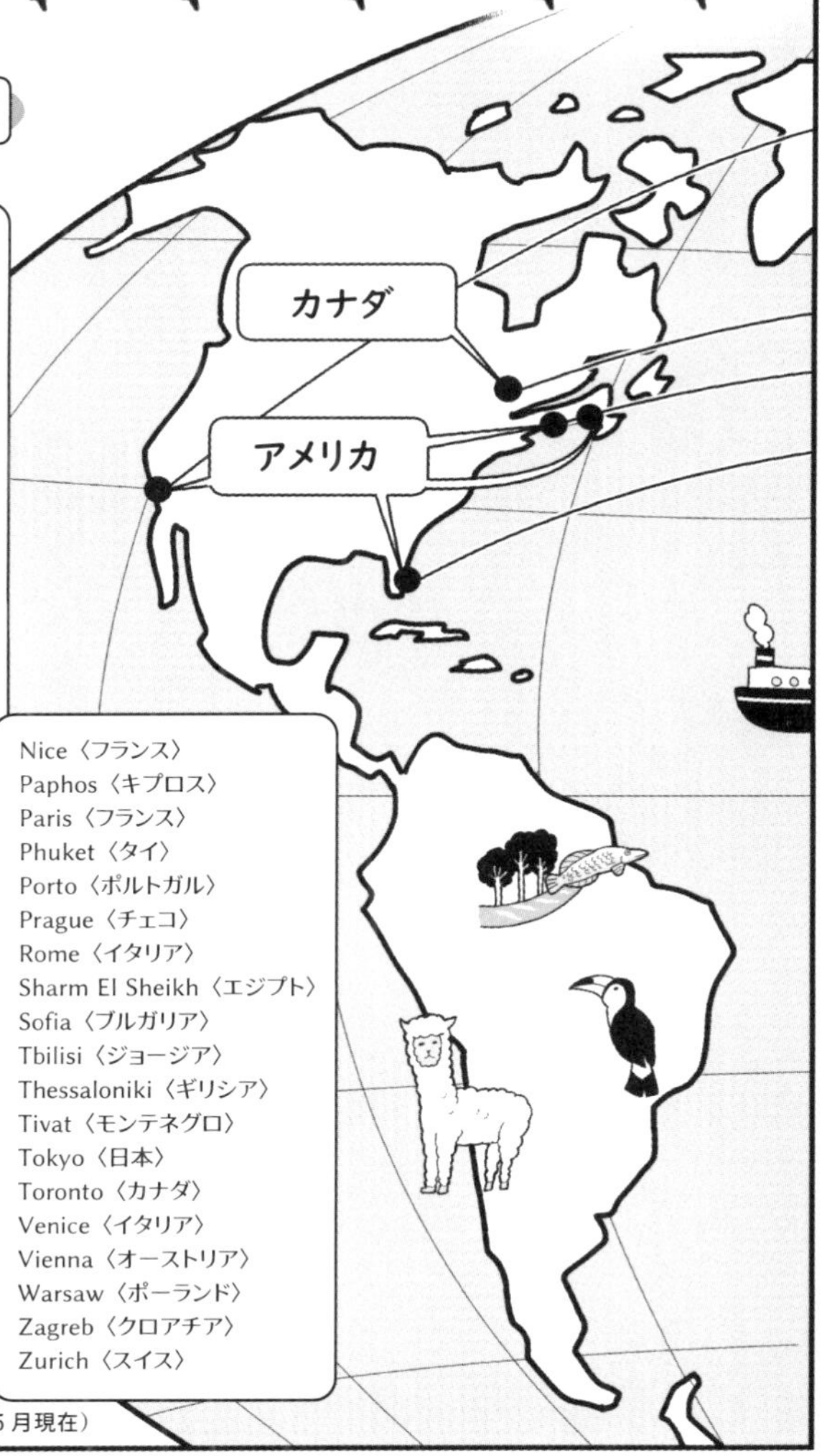


## 就航都市一覧

〈アルファベット順〉

Amsterdam〈オランダ〉
Athens〈ギリシア〉
Bangkok〈タイ〉
Barcelona〈スペイン〉
Berlin〈ドイツ〉
Boston〈アメリカ〉
Brussels〈ベルギー〉
Bucharest〈ルーマニア〉
Budapest〈ハンガリー〉
Casablanca〈モロッコ〉
Delhi〈インド〉
Dubai〈アラブ首長国連邦〉
Dublin〈アイルランド〉
Frankfurt〈ドイツ〉
Geneva〈スイス〉
Hong Kong〈中国〉
Istanbul〈トルコ〉
Johannesburg〈南アフリカ〉
Kyiv〈ウクライナ〉
Larnaca〈キプロス〉
Lisbon〈ポルトガル〉
Ljubljana〈スロベニア〉
London〈イギリス〉
Los Angeles〈アメリカ〉
Madrid〈スペイン〉
Marrakech〈モロッコ〉
Marseille〈フランス〉
Miami〈アメリカ〉
Milan〈イタリア〉
Moscow〈ロシア〉
Mumbai〈インド〉
Munich〈ドイツ〉
Naples〈イタリア〉
New York〈アメリカ〉
Nice〈フランス〉
Paphos〈キプロス〉
Paris〈フランス〉
Phuket〈タイ〉
Porto〈ポルトガル〉
Prague〈チェコ〉
Rome〈イタリア〉
Sharm El Sheikh〈エジプト〉
Sofia〈ブルガリア〉
Tbilisi〈ジョージア〉
Thessaloniki〈ギリシア〉
Tivat〈モンテネグロ〉
Tokyo〈日本〉
Toronto〈カナダ〉
Venice〈イタリア〉
Vienna〈オーストリア〉
Warsaw〈ポーランド〉
Zagreb〈クロアチア〉
Zurich〈スイス〉

（2023 年 5 月現在）

# 第6章　日本便就航までの道のり

## 遂に就航、夢の直行便

２０２２年はイスラエルと日本が国交を結んで70周年という記念すべき年だった。両国はアジア大陸の両端に位置し、その距離９０００㎞以上。直行便のないイスラエルは、70年経っても日本人にとって遥か遠い異国の地のままだった。

この度就航した直行便は、約12時間で日本とイスラエルを結ぶ。これによりイスラエルは身近な国になり、観光だけではなくビジネス目的の渡航者も増えると期待される。

ここで、かつて日本からイスラエルに行くにはどのようなルートがあったのか、改めてその航路を振り返り、直行便に至る道のりを辿ってみよう。

## 遠い地の果てイスラエル

歴史を繙《ひもと》くと、日本人で初めてエルサレムを訪問したのは、カトリック教徒のペトロ岐部《きべ》だった。江戸幕府によるキリシタン禁制によりマカオに追放された岐部が、船を乗り継ぎ陸路を歩いてエルサレムに着いたのは1619年のことである。その旅路は4年にも及んだ。日本人で初めて聖地巡礼紀行を書いたのは、明治時代の作家、徳富蘆花《とくとみろか》である。彼も相当な日数をかけて船でエジプトまで行った。エルサレムを巡礼した後、帰りはシベリア経由で帰国した。日露戦争直後の1906年のことだった。

その後、1950年代に飛行機が登場して世界は大きく変わった。しかし中東のイスラエルはアラブ諸国との戦争が頻発する危険地域と見なされ、気軽に渡航できる場所ではなかった。米ソ冷戦の時代、旧ソ連は領空制限を設け、西側諸国の航空機が飛行することに厳しい規制を加えていた。そのため、日本からヨーロッパ方面へはシベリア上空を飛ぶ最短航路が使えず、香港、シンガポール、フィリピン、タイ、インド、イランなどに立ち寄る「南回り路線」と呼ばれるルートが一般的だった。

しかしこの航路は飛行時間があまりにも長いため、乗客には不評だった。各国の空港に着くと乗客が入れ替わり、その度に機内食が出てきてうんざりしたという話も多い。イスラエル行きの飛行機での思い出が、なぜか香辛料やカレーの匂いという人もいた。

それ以外にもこの南回りには問題が多かった。まずパイロットや客室乗務員などのスタッフ確保が難しい。さらに地理的な障害として霧、砂嵐、サイクロンなど南方特有の気象条件に加え、寄航地国の飛行資料や情報が不正確で、度々トラブルが発生していた。各国の空港設備の不備も指摘されていた。

## 北極圏経由の北回りルート

1960年代になると、南回り路線の経由地である西アジアや中東諸国で問題が頻発した。インドやパキスタン、アラブ諸国、イスラエルなどで戦争やテロが度々起きた。ハイジャックや旅客機へのミサイル攻撃、政変や内戦などに伴う空港の閉鎖など緊急事態が発生し、次第に敬遠されるようになった。

それで1970年代後半、日本からヨーロッパへの航路として採用されたのが「北回り路線」である。ソ連上空を迂回し、北極圏経由でヨーロッパや中東に到達するルートである。飛行時間が大幅に短縮されて乗客にも好評だったため、1980年代は北回りが主流となった。

北回り路線の唯一の中継地点はアラスカのアンカレッジ国際空港である。燃料補給で寄航するアジアやヨーロッパの航空各社の大型機で一年中賑わうようになり、アンカレッジ空港のターミナルには寄航する日本人のための大型免税店やうどん屋まで登場した。

筆者が1986年にイスラエルの地に向かった時もこのルートだった。まだ見ぬイスラエルは荒野、砂漠、ラクダというイメージだったが、経由地のアラスカで見た白銀の世界は違和感しかなかった。空港内に飾られていた白熊の剥製の前で、仲間と共に記念撮影したことは今も良い思い出になっている。

## 反イスラエル政策の日本

1971年には日本・イスラエル間でビザが免除となり、互いの国でビザなしの3カ月滞在が可能になった。しかしその数年後、アラブ諸国の石油戦略による恫喝外交に屈する形で、日本政府は反イスラエルの立場をとった。その後もアラブ・ボイコット（対イスラエル経済ボイコット）の影響もあり、日本企業がイスラエルに進出することはほとんどなかった。

大きな節目となったのは1979年、イスラエルとエジプトの和平条約が締結されたことだろう。1980年代に平和の兆しが見え始めると、日本からイスラエルに行く人が増加した。ヨーロッパを旅行して教会や美術館を訪れると、目にする絵画や彫刻などは聖書をモチーフにしたものが多い。旧新約聖書の物語を主題とした作品を見ているうちに、その舞台であるイスラエルに興味を持ち、行ってみたいという人が増え始めた。

イスラエル専門の旅行会社やエルアル航空の代理店が東京に事務所を開いたのはこの頃である。さらに死海や紅海にあるリゾート地の開発も進み、レジャー目的で旅行会社がパッケージツアーを開始し、徐々に日本人観光客が増えていった。

## アジア航路開設と日本初のチャーター便

エルアル航空にとってアジアへの航路が開かれたのは1992年である。ソ連が崩壊して冷戦が終わり、世界の航路が劇的に変わった。シベリア上空が飛べるようになり、アジアと中東が一気に近くなったのである。1992年1月、イスラエルは中国と国交を樹立。それまでエルアル航空は主にユダヤ人が多く住んでいる地域や都市に就航していたが、ユダヤ人のほとんどいない北京への直行便が就航した。こうして、多くのイスラエル人ビジネスマンが中国に出かけるようになった。

そして1992年4月、日本からもテルアビブへエルアルのチャーター直行便が2機飛ぶことになった。チャーター機の発着は名古屋と福岡の2箇所。滅多に見ることができないイスラエルの旅客機を見ようと、多くの航空ファンが各空港に集結した。

チャーター機はボーイング社のB747で、かつて大活躍したエルアル仕様のジャンボ機である。名古屋の小牧空港では盛大なセレモニーが行なわれ、今か今かとエルアル機の到着を待った。しかしいくら待っても姿を現さない。一体どうしたことなのか。

それにはわけがあった。実は日本出発日の4月25日は土曜日だった。第4章で見たとおり、エルアルは安息日（金曜日の日没から土曜日の日没まで）に飛行機を飛ばすことはない。

つまり土曜日の日没後である安息日明けに日本を出発するためには、金曜日の夕方以前に機材を日本に到着させ、しばらく待機させておく必要がある。しかし日本当局は、実績のない未知の国の航空会社に長時間の駐機許可を与えなかった。さらに日本の発着枠は数が限られていて、土曜日以外への変更も不可能だった。横田の軍事基地にも打診したが、民間旅客機に駐機許可は下りなかった。それで解決案として数日前から韓国の金浦《キンポ》空港に駐機させ、土曜日の日没直後に日本に向けて飛び立ったのである。

「安息日」というユダヤ教の戒律に全く馴染みがない日本人にとって、予定時刻の直前になっても飛行機の姿が見えない状況が理解できなかった。それで空港関係者も焦り出し、「イスラエルからの飛行機はどこにいる!?」と怒号が飛び交ったという。

安息日が明けた土曜日の夜、エルアル航空のジャンボ機はようやく小牧空港に到着した。と同時に搭乗していた保安員が飛び出してきて、わずかな時間で厳格なセキュリティ検査を確実に行ない、急いで乗客を乗せている間に給油を済ませ、あっという間に飛び立った。飛行許可が正式に下りたのは空港を離陸した後だったそうである。日本で十分な給油を行なうことができなかったため、途中でロシアの飛行場に立ち寄り、追加の給油を行なうことになった。ちなみに、続く福岡の便は4月29日の水曜日で、混乱もなくスムーズに事は運んだ。

テルアビブの空港に飛行機が降り立つと、乗客からは拍手が湧き起こった。遂にイスラエルと日本が直行便で繋がったのである。日本から初の直行便ということで、空港にはマスコミも大勢集まり、イスラエルで大きく報道された。

1993年の歴史的な「オスロ合意」(イスラエルとパレスチナ解放機構〔PLO〕との和平協定)を経て、翌1994年にはヨルダンと平和条約が締結され、両国を結ぶ3つの国境が開かれた。イスラエルの和平ムードが高まると、日本からイスラエルへのツアーが一般の旅行会社でも多数企画されるようになった。

## アジアに広がる直行便

アジアへの直行定期便としてはインドのムンバイ便、タイのバンコク便が1993年、翌年には香港便がスタート。これにより、兵役を終えて世界を旅するイスラエルの若者に加え（イスラエルは国民皆兵制で男女共に18歳から兵役義務がある）、シニア世代のアジア旅行がブームになった。タイのバンコク便は週7便となり、ジャンボ機を使っても常に満席状態になるほどの人気となった。

日本では皇太子徳仁《なるひと》親王殿下（今上《きんじょう》天皇）が1995年にご夫妻でクウェート、UAE、ヨルダンを行啓《ぎょうけい》されたことで中東にスポットが当たり、イスラエルも注目され始めた。テレビの旅番組で取り上げられることも多くなり、死海のコスメが注目され、若い世代が中東に足を運ぶようになった。

エルアル航空はこの頃、国営から民営へと転身するべく舵を切り始め、赤字経営から黒字に転じるよう様々な試みを始めた。世界のユダヤ人をイスラエルに帰還させる使命に加え、国として豊かになりつつあった当時、旅行者やビジネスマンをより多く安全に運ぶことが次の目標となった。各国と航空協定が結ばれ、様々な航空会社がテルアビブのベングリオン国際空港に乗り入れた。まさにイスラエルの空が大きく世界に開かれたのである。

アジアでは、年間5万人の巡礼者がイスラエルを訪れる韓国のソウルにも直行便を就航させる話が持ち上がったが、様々な問題が生じて立ち消えとなってしまった。それでエルアル航空が、次のアジア地域への直行便として白羽の矢を立てたのが日本の成田だった。

## 日本便に立ちはだかる様々な問題

時はミレニアムを直前に控えた1999年、イスラエル・日本両国が自国の航空機を直接乗り入れるための航空協定を結び、就航の道を探り始めた。アジアの次なる就航地として成田は長らく候補に挙がっていたのだが、スロット(空港の発着枠)の問題が立ちはだかっていた。日本側はほぼ満杯だった。締結された航空協定の内容は、残念ながらエルアルが望んだものではなかった。成田空港の発着枠が一杯の日本サイドが、関西国際空港を就航先として提案してきたのだ。

数年前にできたばかりの関空のターミナルは新しく、周りを海に囲まれた離島だったのでテロ対策としても最適な空港だった。成田では当時まだ建設・存続に反対する過激派が「成田闘争」を続けていたこともあり、セキュリティの観点からも関空が適切だった。他の航空会社の例を見ても、最初に関空からスタートして実績を積んだ後、成田へ乗り入れるというのが定石だった。

筆者は通訳として当時の運輸省・航空局に同行したことがある。交渉していたエルアルの幹部が「成田はなぜダメなのか。大阪では意味がない。中国も首都北京から就航をスタートさせた。最初に日本の首都である東京に乗り入れないと意味がないんだ」と嘆いていたのを記憶している。エルアルの経営陣の希望はあくまで「東京国際空港」の成田だった。

エルアルの度重なる交渉によって、日本側が成田ではなく羽田を提案したこともあった。1978年の成田空港開港に伴い、中華航空以外の国際線が成田に移転したため、羽田には中華航空だけが使用する国際線ターミナルが存在していた。ここを使えばセキュリティ上のリスクやテロの可能性も低い。しかし当時、国際空港としての認知度が低かった羽田にエルアル側が納得することはなかった。もしこの時エルアルが羽田案を受け入れていたら、もっと早く直行便が実現していたかも知れない。都心からのアクセスが良い羽田は今や国際線の花形で、乗り入れ枠も順番待ちの状態になっている。今考えると実にもったいない話である。

## 直行チャーター便の実績

成田がダメで羽田ではエルアルが納得しない。では関空ならスムーズに事が運ぶのかというと、そうではなかった。日本側から厳しい条件が提示されていたのである。それは「安全を確保するために単独のターミナルを自社費用で作ること」だった。乗り入れを希望しているのが「紛争国」で「テロが頻発するイスラエル」だからである。このテーマは国会の外務委員会でも審議されたのだが、その当時、イスラエルは厄介者と思われていた節があり、残念ながら関空への定期便は実現しなかった。

その後の20年ほどで、関空や成田を中心にエルアルの直行チャーター便が30便以上運航された。特に、イスラエルに工場を持つ日本企業が定期便就航の実現を目指し、イスラエル聖地の旅「10年プロジェクト」を計画して２００４年から13年までの10年間、ほぼ毎年チャーター機を飛ばし続けた。他にもキリスト教徒のグループが１０００名を超える人数でエルサレム巡礼をした際、エルアルのチャーター便でイスラエルを往復した。

筆者は、エルアル職員として何度かこれらのチャーター便に搭乗した。機内ではヘブライ語のアナウンスが流れ、イスラエルの食事やワインが提供されるのを目の当たりにし、改めて飛行機に乗った時からそこがイスラエルであることを実感した。そして当たり前の話だが、途中で乗り換えがなく最短時間でイスラエルに着くため、身体の疲れや乗り換えの煩わしさを軽減できる。チャーター便の場合は貸し切りなので、高度1万mでカラオケ大会が行なわれたり、アコーディオンの伴奏でイスラエルソングの大合唱になったり、それに合わせて踊り出す人もいたりして、楽しい思い出となっている。

## 心を繋ぐパイプ役

２０１５年、あらゆる分野で日本とイスラエルの交流が急速に広がってきたことを受け、数年がかりで市場をモニタリングした結果、両国間を直行便で繋ぐことへの将来性が認められた。双方の訪問者数は年々増加しており、近年では複数の日本企業が研究開発拠点をイスラエルに開設するなど、投資額も拡大しつつある。こうした良好な関係が軸となれば、エルアルは直行便を維持するだけの旅客需要が見込めると踏んだのである。

イスラエル人の訪日者数のピークは２０１９年の約４万４千人で、日本人のイスラエル訪問者数は約2万人だった。エルアルはそのニーズに応える機材の準備を整えた。発注した最新機のＢ７８７ドリームライナー16機はすべて納入され、これによりワイドボディ機は計20機となり、北米が中心だった長距離路線を他の地域へ展開することが可能となる。成田線ではビジネスクラス32席、プレミアムエコノミー28席、エコノミー222席、計282席のB789型機が使用されている。

両国間の航空当局間協議が開催され、成田空港の発着枠も獲得した2020年には条件がすべて整っていた。それがコロナにより3年の延期を余儀なくされたが、2023年にようやく実現に至った。今のところ、イスラエルからの訪日者のほうが倍以上の数字になっているが、今後は日本人のイスラエル訪問者の数が増えてくることだろう。パッケージツアーやキリスト教徒の巡礼に加え、ビジネス渡航者の数も増加することが予測されている。直行定期便が軌道に乗れば、相乗効果が期待できる。

この直行便により両国の絆は一層強くなることだろう。エルサレム市長がかつて日本を訪れた際、「両国を結ぶ直行便こそ、アジアの両端に位置するイスラエルと日本の心を繋ぐパイプとなる」と述べたとおり、関係が深化していくに違いない。

# 田中マコトのエルアル搭乗記！

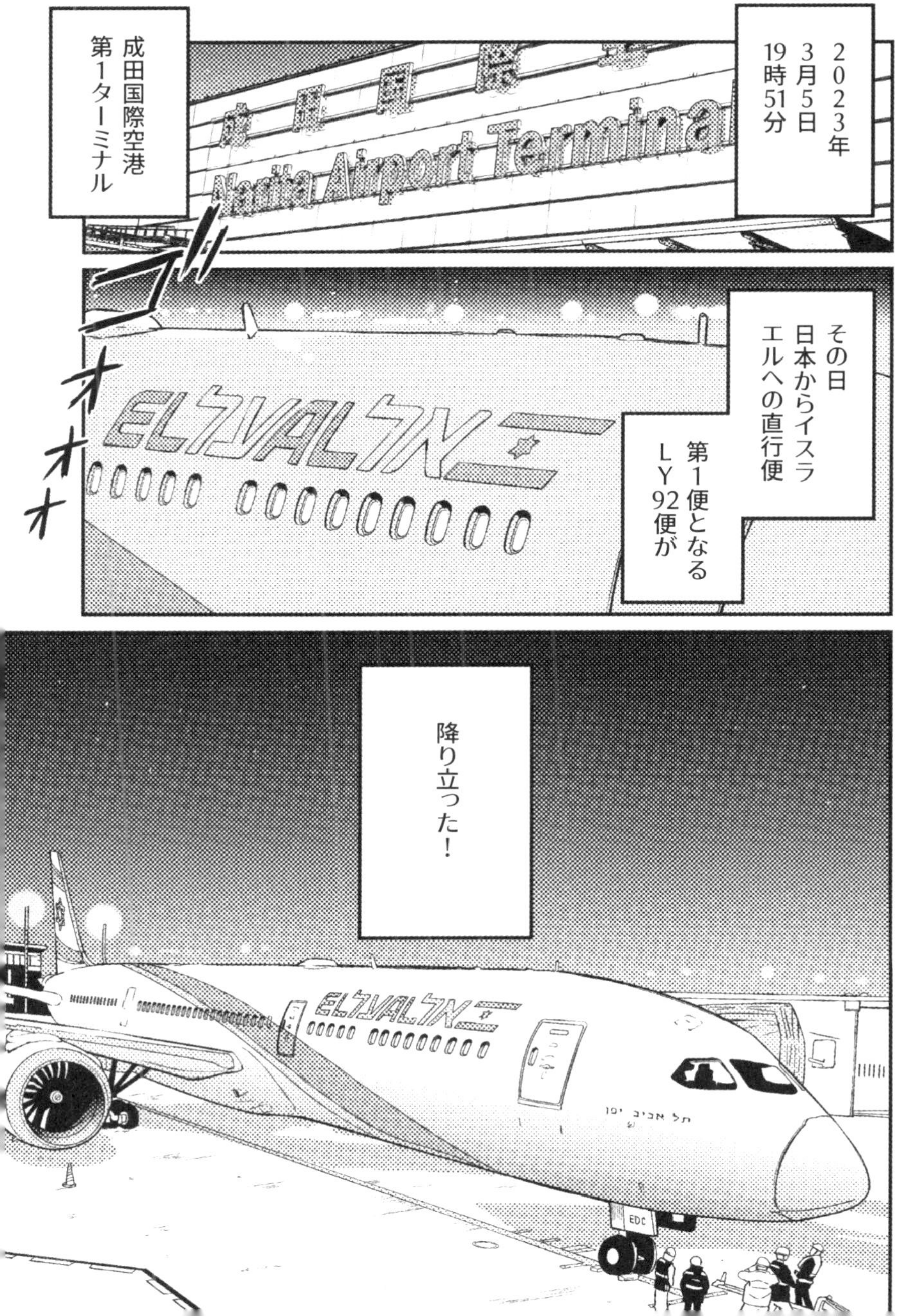
2023年3月5日19時51分
成田国際空港第1ターミナル
Airport Terminal
ゴォォォォ
その日日本からイスラエルへの直行便
第1便となるLY92便が
降り立った！

キターー!!
ブワッ
とうとう…!
とうとうこの日がやってきた!
ジーン
3月1日にイスラエルから第1便がそして今日3月5日にイスラエルから
3月1日
第1便
3月5日
第2便
第1便
第2便が来たそしてこれが折り返し日本からの第1便となる

そして4時間前…
イスラエルに行くのは初めてですか？
2回目です
世界一のセキュリティを誇るエルアル航空はチエックイン前の乗客1人1人に渡航の目的や
観光ですか？
いえす！
イスラエルに知り合いは？
います
空港に来るまでの間他人から荷物を預っていないか等を質問します
預かった荷物に爆弾などが仕込まれていたら大変だからね！
なので他の航空会社より早めに空港へ来ることが推奨されています
OK！良い旅を！
ありがとう！

＊空港まで宅配便を利用した場合は別途検査の必要な場合があります。

その後チェックインカウンターで
チェックインをして荷物を預けたら
もうこれ以上何も入れないでね！
ズッシリ
すみません…
機内持ち込み手荷物重量ギリギリ
行ってらっしゃーい！
なんと就航の応援で光永さんがいらしていた！
行ってきまーす！
保安検査場を通り
人がいない…
ガラーン…
18番ゲートへ行き
ゲート前に設置された
機内持ち込み手荷物のセキュリティチェックをクリアしたら完了！
OKです！
検査をしているところは見られないよ！
ありがとう!!
保安検査場のチェックとは別にエルアル航空独自の検査を行なうので二重に安心！
さて…ここまではすべて順調！
あとは乗るだけ………
機材も無事に来たし！

乗るだけ………
カタカタ
カタ
カタ
カタ
カタ
カタ
カタカタ
カタ
実は田中は飛行機が超苦手
飛行機自体は大好きなので空港に飛行機を見に行ったり
カシャッ
パシャッ
イイのぉ…
イイのぉ…
模型を買ったり飛行機の本を読んだりはするが…
乗るとなると別問題で
前回初めて1人でイスラエルに行った時はひたすら恐怖との戦いだった…
揺れる度に小さな悲鳴をあげ
ガクン
ひっ
過呼吸を起こしかけ…
ハッハッハッ
ハッハッ
今回もすでに戦いが始まり出したその時…
逃げちゃダメだ逃げちゃダメだ
カタカタ
カタ
HA HA HA HA HA HA!
?
＊他社の飛行機です。

エルアル航空の
クルーが登場
うおおおおおお
めっちゃ
かっけえええええ！
フォオオ
オオ
かっこいー
おー
HAHA HAHA
カシャ
エルアルイスラエル航空
テルアビブ　ノンストップ直行便　新規
写真撮るよー！
OK〜！
カシャ

よーし行くぞー！
OKー！
レッツゴー！
HAHAHAHA
HAHAHAHA
YEAH！
テンションたけー…
でも
あの人たちなら
何があっても絶対大丈夫な気がする！
さてと地球、救っちゃいますか
陽気に地球の危機を救いに行くヒーローみたい！
ドキドキ
田中の不安一瞬にして吹き飛ぶ

そうだよ！
世界一安全な航空会社
エルアル航空だよ！
しかもパイロットは元IDF！
何も怖いことなんてあるわけないじゃん！
＊ IDF ＝イスラエル国防軍
めいっぱい楽しもう！
שלום!
（こんにちは）
שלום!
エルアル航空は乗ったその瞬間からイスラエル
カチャン
機内はヘブライ語のオンパレード
（英語もあるよ！）
映画や音楽はもちろんイスラエルのものが盛りだくさん！
日本語字幕の作品もあったよ！

そしてクルーも
מה את רוצה לשתות?
（何を飲まれますか？）
קו... קולה בבקשה.
（こ…コーラをください）
当然ながらヘブライ語*が通じる！
*イスラエルの公用語
感動…！
通じた――
田中は現在ヘブライ語を勉強中
プシュッ
最初はもちろん外国人の私に配慮して英語で話しかけてくれましたが、田中がヘブライ語を使ったので合わせてくれました
イスラエルとユダヤ文化が大好きな私にとっては
幸福
もはや楽園《パラダイス》！

そして
お待ちかねの
機内食は…
בתאבון！
（召し上がれ）
תודה！
（ありがとう）
ボリューム
たっぷり
いろどり鮮やか！
ふかふかの
ピタパンに…
あったかーい
メインの料理と
お野菜たちを
たっぷり詰めて
キュッ
かぶりつけば…
パクッ

お口の中まで
タイーーム
(おいしい)
イスラエル!
そして恐るべきはこの
野菜たち…
ツヤ
ツヤ
何をどうやったら飛行機の中でこんな新鮮な野菜が提供できるの??
ジュージシー
しかもすべて「コーシェル」!
コーシェルとはユダヤ教の戒律に則った料理で一般的な航空会社では特別に申告しないと通常食べることはできない
*第4章を参照してね
機内食の時間やでー
収穫すんぞー
機内に畑でもあるのか??
もう…
ファサ…

うっとり…
私、エルアル《ここ》で一生暮らせちゃう…!
この時田中は飛行機が苦手だったことなど完全に忘れていて
スピー
スピー
ガクン!
ゴオオオ
30年以上にわたる飛行機への恐怖をすっかり克服してしまいました
ありがとうエルアル!
そして飛行機は順調に航路を進み…

3月6日 午前4時30分
BEN GURION AIRPORT
ベングリオン空港に到着!!
WELCOME ISRAEL
TOURIST INFORMATION
アニー ベイスラエーーーール！
（私はイスラエルにいる！）
イスラエルでの滞在は11日間で
3月6日～11日 エルサレムに滞在
3月12日～15日 テルアビブに滞在
沢山の出会いと体験をさせてもらいました！
イスラエル在住の日本人のお友達と旧市街を散策

エルアル航空
広報部長にご挨拶
ガラ
ガラ
シナゴーグでユダヤ教の
プリム祭のお祝いの様子を
見学させていただく（夕と朝）
テルアビブ大学で
演奏会を鑑賞
お友達の家で
シャクシューカを
御馳走になる
めっちゃ
うますぎ!
イスラエル在住の
日本人の皆さんによる
歓迎パーティーに招かれる
イスラエルで人気のスポーツ
カドゥールレシェット
（バレーの派生）を体験!
SUSHI
テルアビブで
お寿司ランチ
キブツに行ったり
キブツ
大好き〜
ギャー
ロシアン
スーパーに
行ったり
ウォッカがたくさーん!
VODKA
VODKA
アニメフェスに
行ったり
ダンナのマンガのコスプレ!!
そして…

帰国の日は
エルアル航空と
光永さんのご厚意で
King David Lounge
エルアル航空のラウンジ
「キング・デーヴィッド」
を利用させて
いただきました
ドーーン
ドヒャー
2階建てのラウンジ
は多くの人で
賑わっていました
ソフトドリンクに
ワインやビール

ピザやサラダ
などの軽食に
スイーツ

すべてが
食べ飲み放題で

ゴク…

まさにキング気分!!
余《よ》は満足でーーーす
KING 王 KING
光永さん エルアル航空の皆さん 貴重な体験をさせてくださり本当にありがとうございました!
ちなみにキング・デーヴィッドこと「ダビデ王」はこんな人じゃないですからね!
ダビデ王
紀元前 1000 年頃の古代イスラエルの王。無名の羊飼いだったが屈強なペリシテ人ゴリアテを倒して有名となり、後にイスラエルの王として 40 年間君臨した。多くの詩を残したことでも有名。
D6 - D9

ゴオォォ
今回は…色んなことを経験したなぁ…
色んな人に会って
色んな話を聞いて…
THE HOLOCAUST HISTORY MUSEUM תולדות השואה
沢山、学んで…

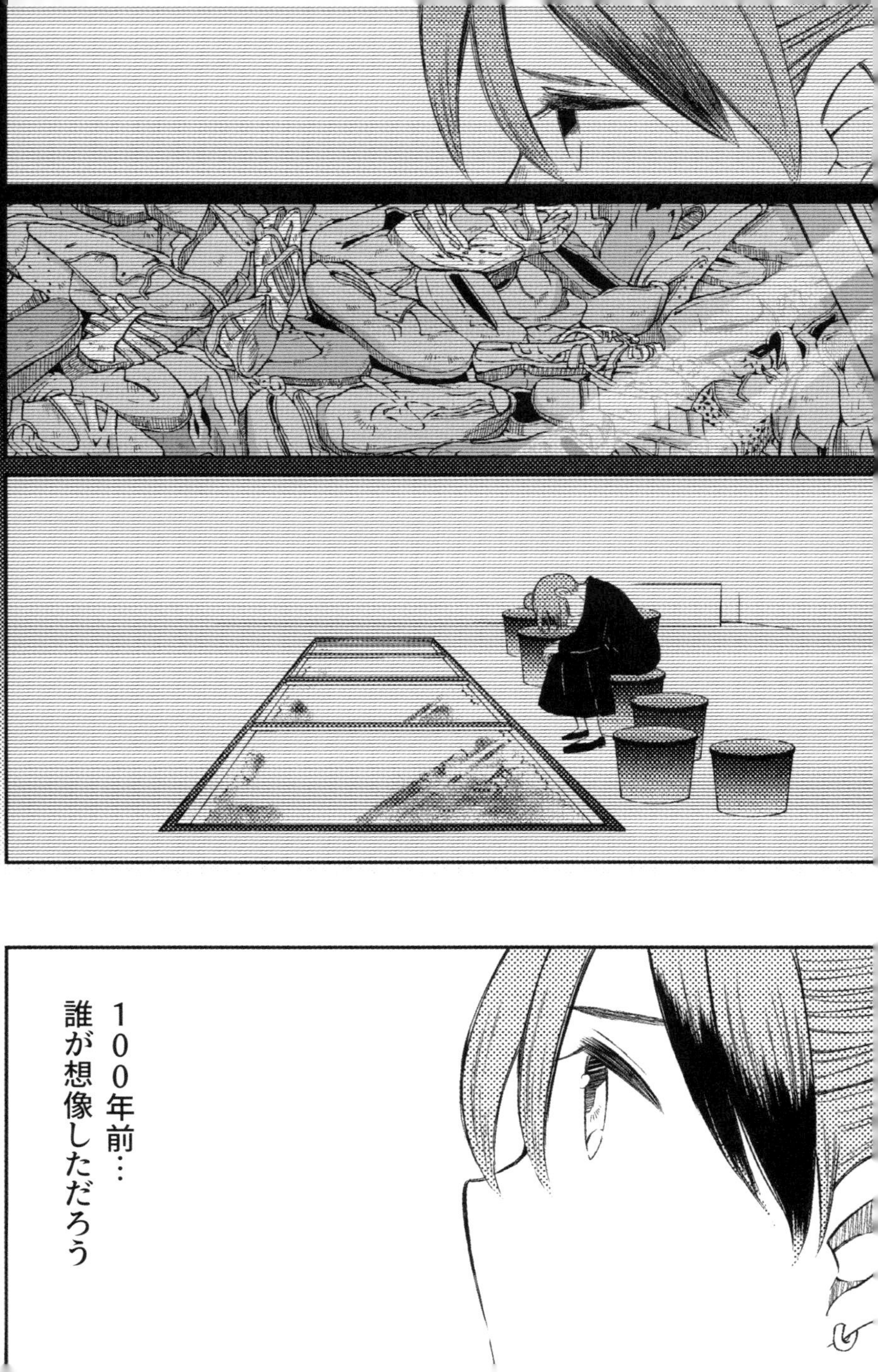

100年前…
誰が想像しただろう

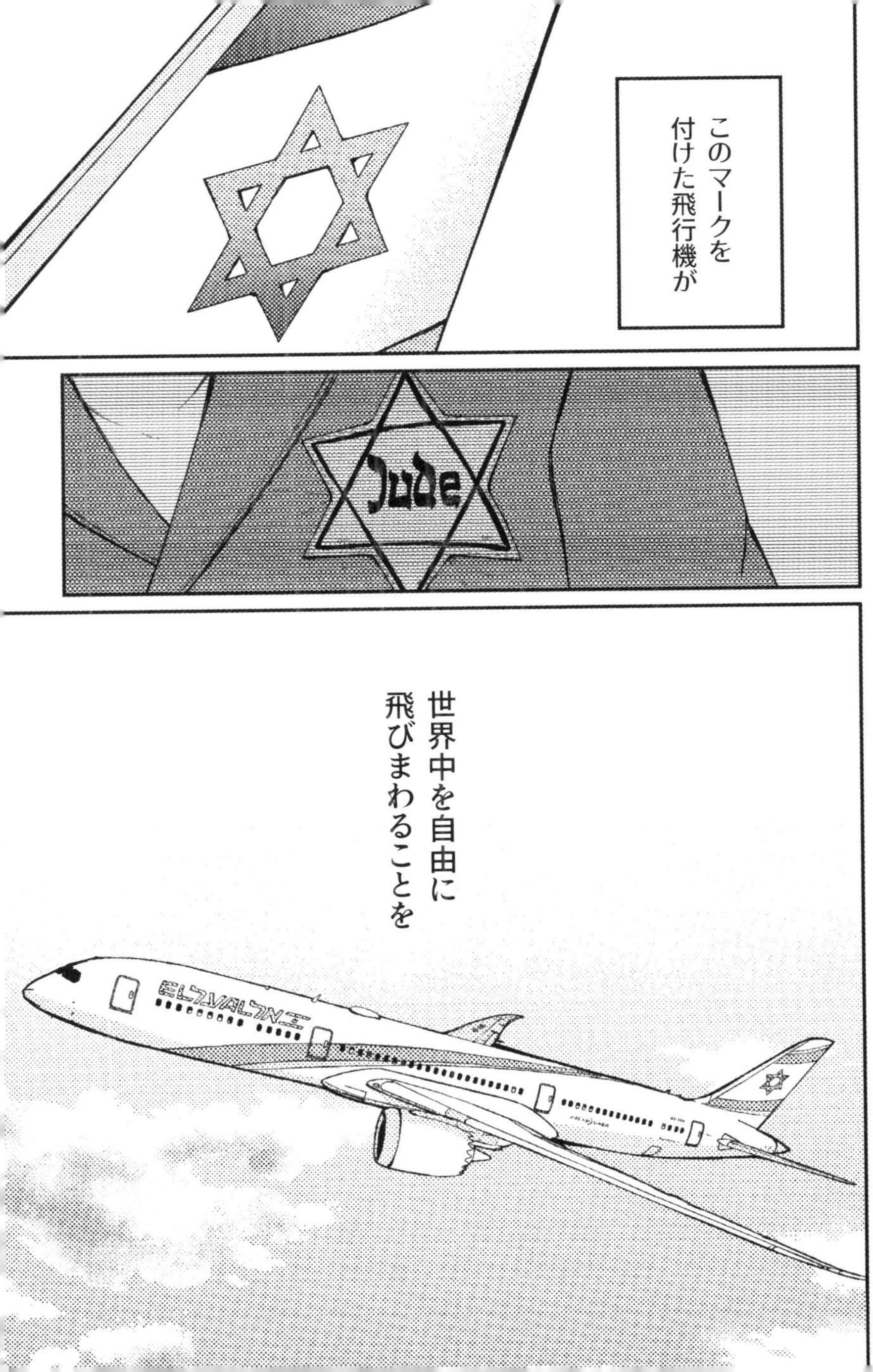
このマークを付けた飛行機が
Jude
世界中を自由に飛びまわることを

エルアル航空の強さは
イスラエルの強さだ
CARGO EL
エルアル航空の歴史は
イスラエルの歴史だ
もっと知りたいな…イスラエルのこと
そして…もっと好きになりたい！
スク…

また来よう…
何度でも来よう！
約束の地《イスラエル》へ

エルアルの
翼に乗って!

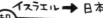

# おまけ

機内食はとにかく野菜にかける本気度がヤバイ！

夜

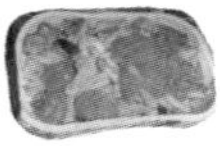

・きのことマカロニのトマトソース和え・サラダ（とりあえず新鮮過ぎてビビる）
・ピタパン・しっとりパン
・お米的な何か
・水（これ何気に美味）

日本 → イスラエル

朝

・オムレツ・柔らかパン
サラダ（10時間近いフライトを経たとは思えない新鮮さ）＆チーズ・果物（激うま注意）・マフィン的なデザート・水

夜

・肉団子のデミグラスソース・フムス
・ピタパン・野菜（これが最高級に美味！）
・水

イスラエル → 日本

朝

・メイン撮り忘れた…
・ふっくらパン・ヨーグルト・野菜（夜と寸分変わらぬ新鮮さに感動！ マジで持って帰りたかった！）

＊機内食については田中が覚えていない物や勘違いもあると思うので、ぜひ搭乗してご自身で確かめてみてくださいね！

ガラーン……
人がいない…

本文のこのシーン

当時はコロナの影響もあり成田空港はガラガラ…日本から海外に行く人はほとんどいませんでした

しかし 帰りの飛行《エルアル》機はイスラエルの人達で満席！

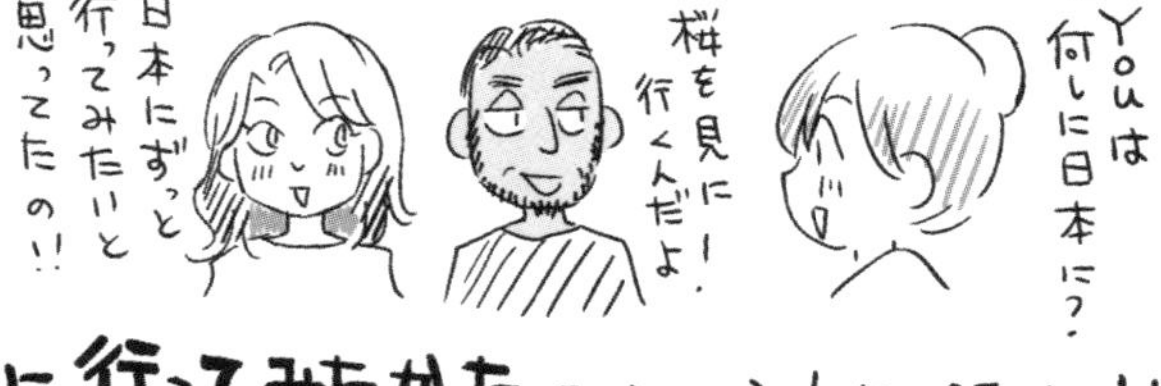
Youは何しに日本に？
桜を見に行くんだよ！
日本にずっと行ってみたいと思ってたの!!

とにかく「日本に行ってみたかった」という人が沢山!!

そう…実はイスラエルには日本が好きな人達がいーっぱい！

Sushiも Mangaも 超人気!!

日本の皆さんもぜひとも イスラエル に

出かけてみて下さい！ もちろん…エルアル航空でね！

# あとがき

筆者とイスラエルの関わりは、１９８６年から６年間、イスラエルへ留学したことに始まる。その後、２年間のエジプト留学を経て帰国。日本では中東地域の旅行を手配する仕事に就き、２００７年からはエルアル・イスラエル航空の日本代理店に勤務した。日本とイスラエルを結ぶ直行便の実現を願ってのことである。

日本定期便に至る道のりは第６章に詳述したが、２０２３年３月、遂に定期直行便が就航した。イスラエルの翼エルアルが日本にやって来たのである。

3月2日、テルアビブを出発したエルアル航空091便東京行きは、定刻を少し過ぎた頃、曇り空の成田上空に姿を見せた。到着ゲート前には予想を超えて多くの報道陣が集まり、その模様は夜のニュースでも報道された。ギラッド・コーヘン駐日イスラエル大使がマスコミ各社のインタビューに答え、この直行便によって両国の関係は今まで以上に深いものとなり、より多くの人が行き来するであろう未来への期待を熱く語っていた。

政府関係者、空港関係者など約50人が第1便の到着を固唾を呑んで見守っていた。飛行機は裏側の滑走路に降りたようで、機体の登場まで少し時間がかかった。

待つこと約20分、美しい青色の帯とダビデの星の尾翼が目印のエルアル機が、ゆっくりとエプロン（駐機場所）に入ってきた。その瞬間、暗かった鉛色の空の一角が割れて日光が差し込み、辺りが明るくなった。一条の光がエルアル機を照らしている。「天使の梯子」と呼ばれる光の現象は、まるでこの就航を天が祝福しているかのようだった。

誘導路に2台の消防車が出て、飛行機めがけてアーチ状に放水し始めた。ウオーター・サルート（水門礼）と呼ばれる儀式で、就航した初便に対して敬意や歓迎の意を表すものである。水しぶきが航空機に当たって太陽の光を反射している。まさに夢のような光景だった。

コロナ禍の終息と相まって、両国を結ぶ直行便が週2便出ることにより、渡航者は一気に増加していくだろう。イスラエル人の間で日本はすでに上位の人気スポットだが、直行便が定着してイスラエルの国内情勢が安定すれば、日本でもイスラエルへの注目度が上がるのは間違いない。歴史、宗教、文化、リゾートなどの魅力が満載のイスラエルには大きなポテンシャルがある。

また、あらゆる業界で協力関係が増えている両国のビジネス利用も期待できる。全日空のコードシェアやマイル交換もできるようになると、利用者はさらに増えることが予想されている。これからどんどん便数が増えていき、好きな時に気楽にイスラエルに行ける、日本に行ける。そうなれば、両国の関係はさらに緊密なものになるだろう。

本書は、日本・イスラエル直行便就航にあたり、エルアル航空アドバイザーの筆者が、エルアルの歴史や特徴を紹介したものである。本書を読まれた方は理解されたと思うが、エルアルの歩みはユダヤ人が辿ってきた歴史と密接に関わっている。そのため、日本人には馴染みの薄いユダヤ民族の歴史、ユダヤ教などについても簡単に解説した。

そして何より、直行便のファーストフライトに搭乗した漫画家の田中マコト氏の筆致により、新鮮な感動が伝わって魅力的な内容に仕上がった。献身的に漫画とイラストを描いてくれた田中マコト氏に、この場を借りて御礼を申し上げる。また、雑誌「みるとす」の連載から単行本化する機会を与えてくれた株式会社ミルトスの谷内意咲氏にも謝意を表したい。

本書を通して、少しでもエルアル航空を身近に感じ、古くて若い不思議な国イスラエルへ行ってみたいと思っていただけるなら、望外の喜びである。

2023年5月

光永光翼

**光永光翼**

みつなが・こうよく

エルアル・イスラエル航空アドバイザー。イスラエル・ハイファ大学中近東学科・聖書学科卒。2年間エジプトに留学の後、日本で旅行手配、航空会社を通して中東に長く関わる。ヘブライ語、アラビア語の通訳・翻訳者。著書に『シリア・ヨルダン・レバノンガイドブック』（ミルトス）ほか。

**田中マコト**

たなか・まこと

漫画家・イラストレーター。武蔵野音楽大学音楽学部声楽学科卒。各種音楽系書籍、雑誌などにて活躍。現在一児の母。著書に『ジャジャジャジャーン！』『オープンマリッジ』（講談社）、『今宵は気軽に　クラシックなんていかがですか？』（学研プラス）、『音大出てどうするの？』（YAMAHA）ほか。

# イスラエルの翼エルアル

## 世界一安全な航空会社

**セキュリティチェックは鬼だけど…**

発行日 ● 2023年7月7日　第1版発行

著者 ● 光永 光翼
田中 マコト

発行者 ● 谷内意咲
発行 ● 株式会社ミルトス
〒121-0813
東京都足立区竹の塚3-10-1
竹の塚ビル4階
☎ 03-3288-2200
https://myrtos.co.jp
pub@myrtos.co.jp
印刷・製本 ● 株式会社丸井工文社


ISBN 978-4-89586-057-4